Michael Birkenbihl

Schnellkurs
zum Lebenskünstler

Ich widme dieses Buch

Peter Orban
und
Ingrid Zinnel,

deren Publikationen meinem esoterischen Bemühen einen ungeheuren
Schub nach vorne vermittelt haben!

Michael Birkenbihl

Schnellkurs zum Lebenskünstler

Lebenskunst in kleinen Schritten

Die Deutsche Bibliothek – CIP-Einheitsaufnahme

Birkenbihl, Michael:
Schnellkurs zum Lebenskünstler : Lebenskunst in kleinen
Schritten / Michael Birkenbihl. – München : mvg-verl., 1994
  (mvg-Paperbacks ; 488)
  ISBN 3-478-08488-1
NE: GT

Das Papier dieses Taschenbuchs wird möglichst umweltschonend hergestellt.
Es ist chlorfrei gebleicht.

Die verwendeten Abbildungen der Tarot-Karten wurden mit freundlicher Genehmigung
der Firma F. X. Schmid Vereinigte Münchener Spielkarten-Fabriken GmbH & Co. KG,
Prien, aus deren Tarot-Spiel „Cosmic-Tarot" entnommen.

Umschlaggestaltung: Gruber & König, Augsburg
Satz und Layout: Redaktionsbüro Peter Felixberger, Erding
Druck- und Bindearbeiten: Ebner Ulm
Printed in Germany 080 488 / 294202
ISBN 3-478-08488-1

Inhalt

Vorwort

Seit es eine überlieferte Geschichte gibt, ist eines klar: die Menschheit ist in zwei Schichten gegliedert. In eine dünne, herrschende Oberschicht – und in den Rest.

Die Oberschicht zeichnet sich vor allem durch ihr Machtstreben aus. Wobei sich diese Herrschertypen völlig über die Basis jeder Machtausübung im klaren sind: die Menschenverachtung. Um dies der manipulierten Masse gegenüber zu verschleiern, bedienen sie sich mit Vorliebe religiöser Verbrämungen und lassen die „Mullahs" aller Schattierungen pro forma an ihrer Herrschaft teilhaben.

Daß diese Art von skrupellosen und a-moralischen Machthabern keine „Lebenskünstler" sind, dürfte klar sein. Die Mehrzahl von ihnen, einschließlich der Berufspolitiker und Wirtschaftsbosse, ist hochneurotisch und gehört eigentlich aus ihren Machtpositionen entfernt. Da diese Entmachtung nicht stattfinden kann, haben wir eine Welt vor uns, die durch „Golf-Kriege", Völkermorde, Hungerkatastrophen und Umweltzerstörungen gekennzeichnet ist. Fazit: Für diese Gruppe psychologischer Versager, die ihre Existenz der Unterdrückung und der Not des überwiegenden Teiles der Weltbevölkerung verdanken, ist dieses Buch nicht geschrieben worden.

Alle anderen indessen, von den planmäßig und außerordentlich erfolgreich verdummten „Normalbürgern" bis zu den „neuen Armen", brauchen Tips, wie sie wenigstens einen bescheidenen Lustgewinn aus ihrem unbefriedigenden und oftmals trostlosen Dasein ziehen können. Denn es kann nicht der Sinn des Lebens sein, zu produzieren und zu konsumieren, ein stattliches Bruttosozialprodukt zu erwirtschaften, getreulich Steuern zu zahlen und notfalls den Heldentod fürs Vaterland zu sterben.

Die Weisen und Mystiker des Orients und des Okzidents waren sich über eine Tatsache immer einig: die meisten Menschen gehen schlafend durchs Leben. Sie bekommen gar nicht mit, was auf dieser Erde gespielt wird: sie leben nicht, sondern werden gelebt. (Was nicht unbedingt bedeutet, daß dieser Dauerschlaf als ein Unglück empfunden wird.) All jene Erhabenen aber, die die „Idee des vollendeten Menschen" als möglichen Gipfelpunkt der Evolution vor Augen haben, werden nicht müde, den Individuen aller Rassen zuzurufen: „Wacht auf!" Denn dieses „Wachsein" ist die Voraussetzung sowohl für „Lebenskunst" als auch für „Weisheit".

Auch das vorliegende, in seiner Aufmachung bescheidene Buch will, obwohl nicht von einem „Erhabenen" verfaßt, dazu beitragen, wenigstens dem einen oder anderen Leser den Weg zum „Lebenskünstler" aufzuzeigen (im Teil I). Und, für Hochmotivierte, im Teil II ein paar beherzigenswerte Hinweise für den schmalen „Pfad zur Weisheit" geben. Indem es die alte Wahrheit beherzigt: Ein Mensch, der wenigstens den Versuch macht, die Umstände seines Lebens zu verbessern, ist allein durch dieses Bemühen wesentlich glücklicher als einer, der „alle Fünfe gerade sein" läßt.

Odelzhausen   *Michael Birkenbihl*

TEIL I

Vom „Normalmenschen" zum Lebenskünstler

1. Runde:
Die Ära des Narren

DER NARR

Erinnern Sie sich, verehrte Leser, an jene Zeit, wo Sie, als etwa Dreijähriger, zum ersten Mal auf einem Kinderkarussell gefahren sind. In Süddeutschland und Österreich heißt es auch „Ringelspiel"; weil in früherer Zeit an so einem Karussell eine Vorrichtung angebracht war, aus der man im Vorbeifahren einen Ring ziehen konnte. Dadurch bekam das Spiel einen Wettkampfcharakter, weil die Kinder nach dem Absolvieren ihrer Runden verglichen, wer die meisten Ringe hatte und somit „Sieger" geworden war.

In der Tat spiegelt dieses harmlose Ringelspiel bereits einen wesentlichen Teil unseres Lebens wider: Wir starten klein, dumm, aber fröhlich als ein Narr, der keine Ahnung hat, was ihm noch so alles bevorstehen wird. Und wir beginnen bereits in dieser frühen Kindheitsphase zu kämpfen: um den Sieg über andere und um die Zuneigung unserer Eltern. Etwas verkürzt ausgedrückt bedeutet dies: *Wir kämpfen vom Beginn unseres Lebens an um Macht und Liebe.*

Wenn wir uns zu einem „Lebenskünstler" entwickeln wollen, der trotz aller Widrigkeiten dieses Daseins eine gebührende Portion Lustgewinn erringen will, so müssen wir – solange wir leben! – bestrebt sein, die Antwort auf eine einzige Frage zu finden: *„Wer bin ich?"* Und diese Antwort können wir, so sehr wir uns auch bemühen, erst dann finden, wenn wir eine erkleckliche Anzahl von Runden auf unserem Lebenskarussell zurückgelegt haben. Alles, was reift, benötigt zum Reifungsprozeß eine gewisse, *vorgegebene* Zeit. Dies gilt natürlich auch für uns Menschen. Deshalb können wir die Antwort auf die Frage „Wer bin ich?" auch nur finden, wenn wir eine Mindestreife erlangt haben. Wir wollen also nunmehr im Geiste Runde um Runde unseres ganz persönlichen Ringelspiels zurücklegen in der Hoffnung, durch diese Karussellfahrt Einsichten zu gewinnen, die uns immer wieder mit Hilfe von „Aha-Erlebnissen" ein Stück weiterbringen.

Körperform und Charakter

In der 1. Ringelspiel-Runde dominieren die körperlichen Belange. Und zwar geht es um zwei Bereiche, die in den „Blaupausen" der Seele eindeutig vorprogrammiert sind: Es geht um die *Körperform* und um die *Körperenergie.*

Um zu verstehen, was da vor sich geht, müssen wir uns kurz der Schöpfungsgeschichte erinnern. Danach haben zwei Schöpfungsakte nacheinander stattgefunden. Im ersten schuf Gott ein *Bild* des Menschen, das heißt, er entwickelte die *Idee* des Menschen, der übrigens androgyn, zweigeschlechtlich, gewesen ist. Deshalb heißt es, „als Mann *und* Frau schuf er ihn".

Im 2. Schöpfungsakt formte der Herr den Menschen aus Lehm und hauchte ihm eine *Seele* und den *Geist* ein. Somit besteht der Mensch, seit seiner Erschaffung, aus Körper, Seele und Geist. Nun differenzierte der Herr den Menschen nochmals, indem er ihn in der Mitte teilte und den einen Teil männlich, den anderen weiblich ausstattete. Es ist also nicht so, daß Eva nur ein Abfallprodukt aus einer Rippe Adams gewesen ist. Diese Lüge haben die Urväter der Bibel eingefügt, um a priori darzulegen, daß das Weib, im Vergleich mit Adam, minderwertig sei.

Uns interessiert nunmehr, im Zusammenhang mit der 1. Runde unseres Ringelspiels, die seelische Ausstattung des Menschen. Über die „Seele" werden wir uns später nochmal unterhalten. Hier sei zunächst wiederholt, daß die Seele (unter anderem) die „Blaupausen" enthält, denen zufolge sich unser Körper entwickelt. Das heißt: In diesen „Programmen" ist die Entwicklung des

Embryos von der Empfängnis bis zur Geburt festgelegt; und, wie sich der Mensch nach der Geburt bis zur Pubertät und darüber hinaus bis zu seinem Lebensende ausgestalten wird. Nur nebenbei sei angemerkt, daß in diesen Blaupausen Krankheiten nicht vorgesehen sind. Gott hat keine Geschöpfe erzeugt, die irgendwann krank werden sollen...

Von Falstaff, Spartakus und Hamlet

Beschäftigen wir uns also jetzt mit dem Problem der *Körperform*. Die Körperform ist nämlich in den Blaupausen exakt vorgegeben. Ob sich ein Mensch im Laufe seines Lebens zum schmalbrüstigen „Hamlet" oder zum umfänglichen „Falstaff" entwickelt, ist festgelegt.

Demnach lassen sich, in eleganter Vereinfachung, drei Körpertypen beschreiben:

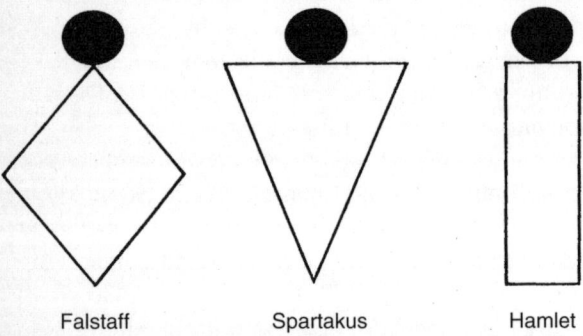

Falstaff   Spartakus   Hamlet

Bei Shakespeare ist Sir John *Falstaff* ein dickwanstiger Prahler und ergrauter Schlemmer. Angelsächsische Psychologen haben diesen Typ übernommen und bezeichnen ihn als Viscerotoniker: es geht um die *Dominanz der Innereien*. Dies wird vom Körperbau eindeutig signalisiert, der um Bauch und Hüften herum die größte Ausdehnung aufweist.

Allgemein beschreibt der Falstaff-Typ ein Temperament, in welchem die Vorliebe für physischen Komfort, Essen, höfliche Zeremonien, Geselligkeit und Schlafen eine große Rolle spielt. Dieser Typ zeichnet sich durch *Weichheit von Körper und Geist* aus. Falstaff zeigt stets, was er fühlt. Er weint bereitwillig, und sein Weinen kommt ungehemmt aus seinem Innersten.

An Schwächen finden sich bei Falstaff meistens folgende Tendenzen sehr ausgeprägt: übermäßige Nahrungsaufnahme, schlaffe Entspanntheit, übermäßige Selbstgefälligkeit und Liebenswürdigkeit.

Spartakus war bekanntlich der Anführer eines Sklavenaufstandes im alten Rom. Er hatte sich vom Gladiator zum Feldherrn entwickelt und wurde im Jahre 71 v. Chr. von Pompeius besiegt. Der Körper derartiger „Supermänner" hat seine größte Breite in Schulterhöhe und wird nach unten schmal. Heutige Psychologen nennen Spartakus einen „Somatotoniker", d.h. einen *körperbezogenen Menschen*. Er ist der Typ des Helden, der „wirkliche" Mann.

Ausschlaggebend ist beim Spartakus-Typ das Temperament der Aktion – sein *Mittelpunkt ist die Muskulatur* (im Gegensatz zu Falstaff, dessen Mittelpunkt der Darm ist). Diese Typen sind Handelnde und Eroberer. Sie bezwingen Meere und Berge und unterwerfen fremde Rassen. Sie haben Kräfte, um die sie von den anderen Temperamentstypen beneidet werden: sie verfügen über große körperliche Ausdauer und über geringes Schlafbedürfnis. Sie sind relativ unempfindlich gegen Schmerzen, Lärm und Ablenkungen und gegen die Gefühle anderer.

Hamlet, ein sagenhafter dänischer Prinz, wurde von Shakespeare zur Hauptgestalt eines Dramas verarbeitet und als ein intelligenter, nervöser und handlungsunfähiger Edelmann dargestellt, der nur in der Welt des Geistes lebt: „Sein oder nicht sein, das ist die Frage." Psychologen nennen den Hamlet-Typ einen „Cerebrotoniker", d.h. einen *gehirn-bezogenen Menschen*, auf dessen Verhalten weder die Muskeln (die er nicht hat) noch die Eingeweide einwirken. Mit anderen Worten: bei Hamlet handelt es sich um eine einwandfreie *Dominanz des Nervensystems*.

Hamlets Gestalt ist gerade und nirgendwo sehr breit. Solche Menschen haben dünne Glieder mit wenig Muskeln und zarte Knochen. Ihnen fehlen die Polster, und ihr Nervensystem ist kaum geschützt.

Ausgeprägte Hamlet-Typen sind oft „Sucher" und neigen dazu, Bücher über Okkultismus, Mystik und Theosophie zu lesen –

mit der Tendenz, dieses Material zu „vergeistigen". Mehr als jeder andere Typ neigt er dazu, sich im Träumen zu verlieren. Deshalb besteht die größte Gefahr für Hamlet darin, sich von der Realität loszulösen – unter Umständen durch Selbstmord.

Mit diesen Vorstellungen vom Einfluß des Körperbaus auf Charakter und Verhalten, die ich hauptsächlich den Autoren Ken Dychtwald, Alexander Lowen und Robert S. de Ropp verdanke, sei der obige Hinweis auf die Genesis gewissermaßen „psychologisch untermauert".

Wenn nun ein Falstaff-Typ der Meinung ist, er sei zu dick, so denkt er – aus Unwissenheit! – falsch. Solche unglücklichen Menschen quälen sich zuweilen ihr halbes Leben mit Abmagerungskuren, mit mäßigem Erfolg; und wenn sie zwei Wochen, zum Beispiel im Urlaub, ihre Diät aufgeben, haben sie die abgehungerten Pfunde in kürzester Zeit wieder auf ihrem Körper. Das heißt, wer sich dermaßen kasteit, *weil er glaubt*, er sei zu dick, vergällt sich die ganze Freude am Leben – und verbraucht für diese Gewaltkuren eine riesige Menge von Energien, die ihm anderswo fehlen! Denn das Energiepotential ist begrenzt, aber darüber reden wir noch.

Ich möchte nunmehr jenen Lesern beiderlei Geschlechts, die sich für zu dick halten und darüber unglücklich sind, folgende Frage vorlegen: Interessieren Sie sich für Jazz? Ja? Haben Sie, in natura oder im Fernsehen, schon einmal so eine wundervolle, dicke Negermammy gesehen, die ihre Seele in einem Blues verströmt? Hatten Sie beim Anblick so einer begnadeten Künstlerin schon einmal den Eindruck, sie schäme sich ihrer „unmöglichen" Figur? Und habe deshalb ein reduziertes Selbstwertgefühl? Na also!

Wenn ein fülliger Mensch eine starke Persönlichkeit ist, wenn er Charme hat und wenn er sich ganz natürlich, mit einer gewissen Leichtigkeit, bewegt – dann kommt er bei seiner Umgebung immer an! Und niemand wird sich über seine Fülle mokieren, *weil man die gar nicht wahrnimmt*! Also, wenn Sie sich wirklich in Richtung „Lebenskünstler" entwickeln wollen, dann kann der erste Schritt zu diesem Ziel nur heißen: *Akzeptieren Sie Ihre Körperform, die Ihnen ja vom Schöpfer vorgegeben ist!*

Mehr noch: *Lieben Sie sich wie Narziß!* Denn ob Sie sich schön oder weniger schön empfinden, hängt allein von Ihrer inneren Einstellung zur Ästhetik ab. Und genauso, wie noch niemand die Frage des Pilatus „Was ist Wahrheit?" beantworten konnte, so kann niemand die Frage „Was ist Schönheit?" beantworten. Diese Frage können nur Sie für sich selbst verbindlich beantworten! Also sehen Sie sich „schön" – dann ist das ganze Figurenproblem erledigt!

Falls Sie sich, verehrte Leser, wirklich zum „Lebenskünstler" entwickeln wollen, dann denken Sie ab und zu daran, daß Ihr Körper das Gefäß für Ihre Seele ist und im übrigen, zum Beispiel, auch Ihr Gehirn beinhaltet. Wenn Sie also Ihren Körper nicht pfleglich behandeln, kann auch Ihr Gehirn nicht optimal arbeiten. So daß Sie dann auch Ihre Intelligenz, auf die Sie sich meist sehr viel einbilden, obwohl sie Ihnen geschenkt worden ist, nicht effizient einsetzen können!

Goethe, der weise gewordene „Narr"

Goethe war einer der größten Geister, die von der Menschheit hervorgebracht worden sind. Und man kann diesem Statement mit Fug hinzufügen: nur große Geister, die die Entwicklung des Durchschnittsmenschen hinter sich gebracht haben, setzen sich mit den Werken Goethes auseinander. Die Begründung für dieses Verhalten hat der „große Alte" in seinem „Faust" selbst geliefert: „Du gleichst dem Geist, den du begreifst."

Ein „großer Geist" der Neuzeit, ein wirklicher „Elite-Mensch", ist Ludwig Reiners gewesen. In seiner „Sorgenfibel" setzte er sich mit dem Menschen Goethe auseinander. Und jenseits des schönen Bildes, das wir uns gewöhnlich von Goethe machen, zeigt uns Reiners den anderen Goethe, den „Menschen wie du und ich".

Goethes Leben war, von Geburt an, von schicksalhaften Belastungen überschattet. Der Bruder seines Vaters war von Kind an blöd, und sein Vater verfiel im Alter in geistige Umnachtung; seine Schwester litt an schweren Depressionen und starb früh.

Goethes Gesundheit war zeitlebens schwankend. Mit zwanzig Jahren beschrieb er seinen Gesundheitszustand als „pathologisch". Im Mannesalter klagte er über Unterleibsleiden, Nierenkoliken und

Hämorrhoiden. Mit 18, 52, 56 und 74 Jahren war er so schwer krank, daß er von den Ärzten aufgegeben wurde. Niemand hatte erwartet, daß er 83 werden würde.

Was Goethe im Hinblick auf sein körperliches Befinden über Massenmenschen heraushebt, ist seine Einstellung zur kränklichen Schwäche. Er nahm sich das altgriechische Motto zum Vorbild: „Der Mensch, der nicht geschunden wird, der wird auch nicht erzogen." Also unterzog er sich diversen Schindereien: Er stieg auf das Straßburger Münster, um sein Schwindelgefühl zu überwinden, bekämpfte in der Anatomie seine Abneigung gegen widrige Eindrücke und wanderte nachts über Friedhöfe. Er schlief gerne im Freien, auf einem harten Feldbett, und versuchte sein chaotisches Inneres durch pedantische Ordnung zu bändigen.

Goethe empfand die Nöte des Lebens nicht als Störungen, sondern als notwendigen Bestandteil menschlicher Existenz. So war sein Leben auch kein Streben nach bestimmten Zwecken, sondern ein *Wachsen aus einer Wurzel*. Es kam ihm nicht auf die Resultate des Lebens an, sondern auf das Leben selbst.

Was Reiners mit dem „chaotischen Inneren" Goethes bezeichnet, erläutert de Ropp anhand seiner „Kreativen Psychologie" in seinem Buch „Das Meisterspiel" wie folgt:

„Eine außergewöhnlich reiche Ausstattung ergibt den ‚Promethischen' oder den ‚Faustischen' Menschen, einen Typ, der von Goethe vollendet dargeboten wurde. Dieses komplexe Genie, das die Rollen des Wissenschaftlers, des Administrators, Dichters, Künstlers, des Liebhabers und des Mystikers mit gleicher Begeisterung spielte, dessen Orkan von Produktivität für drei kleinere Genies ausgereicht hätte, *wurde praktisch von seinen eigenen, in Konflikt stehenden Elementen in Stücke gerissen.* ‚Zwei Seelen wohnen, ach, in meiner Brust, die eine ständig kämpfend mit der anderen.' "

„Vom Himmel verlangt er die lieblichsten Sterne, und von der Erde jede Freude, die sie bietet." So ist der faustische Mensch. Goethe schaffte es, nachdem er mehrere Male kurz vor dem Wahnsinn und kurz vor dem Tode stand, bis zum Alter von 83 Jahren zu leben und gesammelte Werke, die 150 Bände füllen, zu hinterlassen.

Die Tatsache, daß Goethe zu seiner erstaunlichen Lebensleistung in der Lage war, ist sicherlich auch jenen mystischen Kenntnissen zuzuschreiben, die er bereits in seiner Jugend erwarb und die ihn sein ganzes Leben leiteten. Heute würden wir Goethe zu den „Esoterikern" zählen – allein sein „Faust" rechtfertigt diese Annahme.

Fazit: Goethe hatte erkannt, wie wichtig die Körperbeherrschung für das Leben ist und daß das lateinische Sprichwort „Mens sana in corpore sano" unbedingte Gültigkeit hat. Wer also, verehrte Leser, den „gesunden Geist in einem gesunden Körper" trainiert und planmäßig weiterentwickelt, wird, wie Goethe, vom „tumben" Narren zur Zeit der Geburt zum „weisen" Narren am Ende seines Lebens geworden sein.

Betrachtungen zum Thema „Energiehaushalt"

Kommen wir nunmehr zum „Energiesektor", der ebenfalls „per Blaupause" geregelt ist. Wie Sie wissen, gibt es beispielsweise „gute und schlechte Futterverwerter". Das heißt, die Menschen verwerten die mit der Nahrung zugeführten Rohstoffe verschieden. Der eine erzeugt aus der gleichen „Futterzufuhr" mehr Energien als der andere. Im Fachjargon bedeutet dies: der „Grundumsatz" der beiden Menschen ist verschieden. Oder, ganz simpel formuliert: Die Energiemenge, die in einem Körper erzeugt bzw. bereitgestellt wird, hängt vom Grundumsatz eines Individuums ab. Und dieser Grundumsatz ist ebenfalls in der Blaupause festgelegt. Konsequenz: *Ein Mensch kann sein Energiepotential nicht vergrößern.* Und deshalb schrieb Hans Selye, der Vater der Streß-Forschung, man müsse zunächst einmal, und zwar durch hohe Belastung, feststellen, wie groß das Energiepotential ist, das man a priori zur Verfügung hat. Und von diesem Energiepotential hängt beispielsweise die Zielsetzung eines Menschen im Berufsleben ab: wer ein schwaches Energiepotential hat, sollte sich nicht als „Pyramidenkletterer" betätigen. Denn sonst geht ihm bereits im Mittel-Management die Puste aus!

Der Vollständigkeit halber sei an dieser Stelle angemerkt, daß unser gesamtes Energiepotential in Teilpotentiale aufgespalten ist.

Das wirksamste Teilpotential wird durch die Sexualhormone erzeugt. Die Sexualhormone haben eine doppelte Funktion: Sie steuern geschlechtsspezifisch das sexuelle Verhalten eines Menschen; sie haben zudem eine unspezifische Wirkung, nämlich die einer Durchblutungssteigerung des gesamten Organismus. Mit anderen Worten: Durch die beständige Produktion von Sexualhormonen wird ununterbrochen Energie in den Organismus geschleust. Kann diese Energie nicht abgeführt werden, kommt es zu einem Energiestau, der eine seelische Unlustspannung provoziert. Fazit: Wir alle müssen lernen, mit dem erheblichen sexuellen Energiepotential optimal umzugehen. Darüber mehr in den kommenden Runden.

Vera F. Birkenbihl hat in ihrem Buch „Freude durch Streß" ein interessantes Modell entwickelt, wie wir unser Energiepotential handhaben. Ich zitiere, mit freundlicher Erlaubnis des mvg-Verlages, Teile aus dem 5. Kapitel:

„Das Leben ist eines der ,teuersten' - jeder Gedanke, jedes Gefühl, jede Orientierungs-Reaktion kostet Kraft. Woher kommen nun die Energien, mit denen wir unser Leben ,finanzieren'"?

Zunächst einmal wird jeder Mensch mit einem gewissen *Energiepotential* geboren. Dieses Potential bestimmt, wie dynamisch der einzelne seine Bedürfnisbefriedigung durchzusetzen vermag. Wir nennen dieses genetisch bedingte Potential nun X (die unbekannte Größe, die beim einzelnen unterschiedlich angelegt ist):

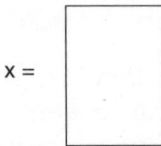

x =

Mit dem Kasten symbolisieren wir den Energien-Haushalt, da die *Verteilung* der Energien bei allen Menschen im gleichen Schema verläuft.

A-, B-, C- und D-Energien

Wir unterscheiden vier Formen von Energien, die A-, B-, C- und D-Energien.

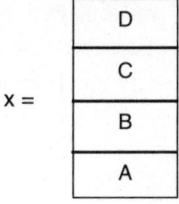

A-Energien

Das sind die Energien, die zur Absicherung des nackten Über-
lebens dienen, also Nahrungsaufnahme und Verdauung, Ausschei-
dung, Sauerstoffaufnahme und -verarbeitung, Stoffwechsel, Stimu-
liaufnahme im limbischen System usw.

B-Energien

Hierbei handelt es sich um jene Energien, die wir benötigen, unser
Selbstwertgefühl aufrechtzuerhalten, es zu verteidigen, wenn wir
angegriffen werden, bzw. es wieder aufzubauen (z.B. durch Leistungen). Energien also, die das psychologische Wohlbefinden ab-
sichern.

C-Energien

Hierbei handelt es sich um Energien, die wir zum Verarbeiten
neuer Stimuli benötigen, die zudem noch in das schon bestehende
Raster von Gewußtem einsortiert werden müssen. C-Energien sind
es auch, die wir ‚verbraten‘ müssen, wenn eine Information mit
bereits vorhandenem Wissen nicht zusammenpaßt (...) Da jeder
Gedanke wie ein physiologischer Stimulus verarbeitet werden
muß, sehen wir hier, warum Denken und Lernen Kraft kosten
müssen!

D-Energien

Hierbei handelt es sich um Energien, die wir für *Arbeiten* benötigen. Wobei wir uns hier an die physikalische Definition anlehnen und sagen: Alles, was Kraft kostet und unter B- oder C-Tätigkeiten noch nicht erfaßt wurde, ist ,Arbeit', benötigt also D-Energien. Ob Sie einen Horrorfilm ansehen oder ein Verkaufsgespräch führen, ob Sie Blumen pflanzen oder in den Urlaub fahren, ob Sie tanzen, singen oder schwere Lasten schleppen – das alles fällt in die D-Kategorie.

Zusammenwirken aller vier Energiearten

Die A-Energien sichern das *physiologische* Überleben. Sie sind daher die wichtigsten und bekommen immer den Vorrang, wenn das Überleben gefährdet erscheint.

Die B-Energien sichern das *psychologische* Überleben. Sie kommen in der Rangordnung gleich nach den A-Energien, wenn wir uns gefährdet fühlen. Sowohl A- als auch B-Energien können daher aus den C- und D-Abteilungen Energien ,abzapfen', weswegen Hobbys und Interessen am ehesten ,flachfallen', wenn wir überarbeitet oder krank sind; die Arbeitslust erlahmt als nächstes zusammen mit der Fähigkeit, Entscheidungen zu treffen (was eine energieteure ,Arbeit' darstellt). Als nächstes stellt sich die Unfähigkeit ein, sich mit Neuem auseinanderzusetzen, aber zu diesem Zeitpunkt ist der Organismus bereits mitten in einem Stadium vermehrter Stress-Symptome. (...)

Nun erhebt sich die Frage, ob innerhalb der C- und D-Energien Verschiebungen möglich sind. Antwort: Ja. Welche Schwerpunkte hier gesetzt werden, hängt einzig und allein von der *Motivierung* des einzelnen ab. Da Motive jedoch freigestellte Energien zur Befriedigung wichtiger Bedürfnisse darstellen (...), sehen wir, daß die Programmierung des einzelnen mitbestimmen wird, *welche Bedürfnisse* im Zweifelsfall wichtiger erscheinen: lernen oder arbeiten. Schließlich ist es verständlich, daß ein Organismus, der zur Zeit besonders sorgfältig haushalten muß, wo immer möglich, auf Tätigkeiten ausweicht, die ihm Stimulierungen der Lustareale im limbischen System verschaffen.

E-Energien

Nun gilt es nur noch, den ‚Reservetank' für Energien zu besprechen, damit unsere Übersicht des Energien-Haushaltes vollständig wird.

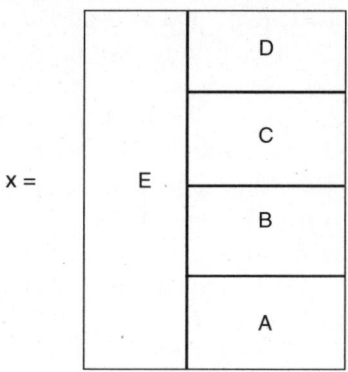

Wie wir gesehen haben, ist die bisherige Verplanung der A- bis D-Energien zwar recht weise angelegt, aber es fehlt noch die Information, wo jene Energien herkommen, die wir bei Gefahr verbrauchen. Für diese besitzen wir einen ‚doppelten Boden' im A-Kästchen, d.h. solange hier noch genügend Energien zur Verfügung stehen, um Kampf- oder Flucht-Reaktionen zu ‚finanzieren', werden diese aus A entnommen. Wenn der Organismus aber müde, überarbeitet, ‚gestreßt' ist, dann kann es passieren, daß nicht mehr genügend Energien zur Verfügung stehen, um Gefahrensituationen zu überwinden. In diesem Falle öffnet sich eine ‚Verbindung' zwischen A- und E-Kästchen (natürlich nur symbolisch, dies ist ein Denkmodell!) und zapft so Energien aus dem Reserve-Tank ab. Denn: Die E-Energien (und das ist eine biochemische Tatsache) werden im Körper separat aufgestockt und nur benützt, wenn der allgemeine Energie-Pegel zu weit abgesunken ist. Durch den ‚Reserve-Tank-Effekt' kann auch der todmüde Reisende, der mit den ‚letzten Energien' nach Hause fährt, in einer plötzlichen Fast-

Unfall-Situation noch hervorragend reagieren und fühlt sich außerdem hinterher wieder hellwach! Die Kampf-Hormone (besonders das Adrenalin) sind für das vorübergehende Wach-Gefühl zuständig."

Ich nehme an, verehrte Leserinnen und Leser, daß Ihnen durch diese arg verkürzte Darstellung die Wichtigkeit der Tatsache klargeworden ist, was es heißt, seinen Körper zu kennen, sein Energiepotential „auszukundschaften" und sich über dessen Aufbau – und dessen „Raubbau"! – keinen Illusionen hinzugeben. Deshalb sollte jeder hart schaffende Mensch sich die Zeit nehmen, das Buch „Freude durch Stress" zu lesen (und zu berücksichtigen)!

Ich habe der 1. Runde das Symbol „Der Narr" aus den Tarot-Karten vorangestellt. Der Narr stellt den Menschen im „Urzustand" nach der Geburt dar: Völlig unbedarft hüpft er durch die Gegend, ohne die geringste Ahnung, welche Gefahren und Widrigkeiten ihm möglicherweise in seinem eben beginnenden Leben bevorstehen. Er muß also als erstes lernen, sich als ein Körper-Seele-Geist-Wesen zu erkennen und zu akzeptieren.

Es ist meine Absicht, die Quintessenz jeder Ringelspiel-Runde in einer Formel zusammenzufassen. Also, hier ist die erste:

Formel I zur Lebenskunst: Seien Sie Narziß, achten und lieben Sie Ihren Körper und setzen Sie Ihr Energiepotential optimal ein!

---

2. Runde:
Besitz – Sicherheit oder Belastung?

PENTAKEL VIER

Nachdem wir uns während der 1. Runde unseres Ringelspiels zu Bewußtsein geführt haben, daß wir als Geschöpf Gottes aus Körper, Seele und Geist bestehen, wollen wir in der nun beginnenden 2. Runde einmal ganz bewußt, also als „Erwachte", eruieren, *wie* wir von den Möglichkeiten, die uns unser beseelter und durchgeistigter Körper bietet, Gebrauch machen. Und die beschämende, aber wahre Feststellung läuft darauf hinaus, daß wir (in aller Regel) von den uns gebotenen Möglichkeiten einen sehr reduzierten Gebrauch machen. Biblisch ausgedrückt: Wir wuchern nicht mit unserem Pfunde. Warum?

Programmiert bis in die Grube...

Es ist eine Tatsache, die den meisten Menschen gar nicht bewußt ist, daß wir alle im Rahmen bestimmter „Programme" leben. Das sind Verhaltensregeln, die uns während der Kindheit „eingetrichtert" worden sind und die alle auf eine Grundregel hinauslaufen: *was man tut bzw. was man nicht tut.* Zu derartigen Programmen gehört beispielsweise ein uns vermitteltes Wertsystem, das uns klarmacht, was „gut" und was „böse" ist. Dieser „Gut-böse-Code" wird zur Basis unseres Gewissens; denn das Gewissen wird uns anerzogen. Die daraus resultierende „Moral"

25

unterscheidet sich außerordentlich von Kulturkreis zu Kulturkreis, was bedeutet, daß es keine allgemeine, für alle Menschen verbindliche Moral gibt. Zu solchen durch das Elternhaus vermittelten Programmen gehört z.B. auch das Wissen darum, *„wie man sich in unseren Kreisen bewegt"*. Deshalb spielt die soziale Herkunft eines Menschen im gesellschaftlichen Leben so eine große Rolle. Und schließlich werde ich im Elternhaus, und zwar aufgrund der mir gegenüber angewandten Erziehungsmethode, bewegt, *Gefühle auszuleben oder sie zu unterdrücken*. Von diesem Ausleben meiner Gefühle hängen zwei Gegebenheiten ab: (1) Wie ist meine Kommunikationsfähigkeit? (2) Wie steht es um „das Kind in mir"? (Auf dieses „Kind" kommen wir noch zu sprechen.)

Ergebnis dieser Programmierung: Die meisten Menschen leben gar nicht als selbstbewußte Individuen. Sie sind vielmehr Gefangene von Meinungen, Vorurteilen bzw. Gefangene ihres Berufes, ihrer Ehe und diverser gesellschaftlicher Normen. Mit anderen Worten: die meisten Menschen sitzen gewissermaßen in einem Käfig und kommunizieren durch dessen Gitterstäbe.

Natürlich wird manchen Menschen nach und nach klar, daß sie in einem Käfig leben. Sie wissen auch, daß sie diesem Käfig nicht entrinnen können. Was machen Sie? Sie statten diesen Käfig mit wertvollen Accessoires aus, vom Fernseher mit „Schüssel" auf dem Dach über Orientteppiche, Edelholzmöbel und einen „echten Dali" an der Wand. Kurz und gut: Man zeigt, was man hat... Und signalisiert damit seiner Umgebung, wie herrlich weit man es gebracht, daß man es „geschafft" hat. Ja mehr noch: daß man, *da man so viele Dinge von Wert um sich geschart hat, ein wertvoller Mensch ist.*

Dummerweise „zwingt" diese Ansammlung von wertvollen Gegenständen ihre Besitzer, immer mehr Wertgegenstände anzusammeln, damit das einmal Erreichte nicht auch schon alles sei. Denn das ist die Logik unseres kapitalistischen Systems: Wachstum, Wachstum, Wachstum... Man „akkumuliert", bis man an dem angehäuften Tünneff erstickt; in einem selbstgeschaffenen Gefängnis, das immer enger wird, je mehr man hineinkauft.

Psychologisch gesehen entspricht das Anhäufen so vieler (teurer) Güter der Absicht, diese Güter um sich herum zu gruppieren –

wie einen Schutzwall. Man gibt sich, als armer Neureich, der Hoffnung hin, daß einem die gesammelten und angehäuften Wertgegenstände Schutz gewähren mögen. Das ist ein Denkfehler, an dessen Folgen schon etliche, schnell reich gewordene „Besitzbürger" zugrunde gegangen sind.

Der Midaskomplex

Eine besondere Rolle spielt das Geld. Eigenartigerweise ist die psychologische Bedeutung des Geldes noch kaum erforscht worden. Irgendwie scheuen sich unsere Lehrstuhlinhaber, jenes „Medium", das unser aller Leben am meisten beeinflußt und beherrscht, einmal durch Dissertationen gründlich durchleuchten zu lassen. Ich halte es deshalb für zweckmäßig, hier einige Anmerkungen zum Thema „Geld" folgen zu lassen.

Bei Diskussionen über das Geld stelle ich den Teilnehmern gerne die Antwort auf meine rhetorische Frage vor Augen: Was kann man mit Geld *nicht* kaufen? Antwort: Liebe, Freundschaft, Gesundheit und „Glück" – was immer der einzelne darunter versteht. Alles, was jetzt noch zu kaufen bleibt, ist materieller Tünneff, den man bekanntlich, wegen der fehlenden Taschen „im letzten Hemd", nicht mitnehmen kann. Also wozu die lebenslange Jagd nach dem Geld?

Die amerikanische Psychotherapeutin Smiley Blanton schrieb zu dieser Problematik:

„Ein nur allzu menschliches Fehlverhalten, dem ich des öfteren begegne, besteht in der Tendenz, die Wichtigkeit des Geldes zu überschätzen, wenn es ums Glück geht. Zahllose Patienten haben mir allen Ernstes versichert, daß all ihre Schwierigkeiten sich in Luft auflösen würden, wenn sie nur mehr Geld hätten. Aber nichts könnte weiter von der Wahrheit entfernt sein. Es ist richtig, daß auf dem Existenzminimum oder darunter Geldmangel eine durchaus reale, erschreckende Bedrohung darstellt. Aber oberhalb dessen, was wir als eine ausreichende Einkommensebene ansehen, sind zuzügliche Geldmittel selten dafür geeignet, grundlegende Probleme aus der Welt zu schaffen. Wenn ich es recht bedenke, habe ich mich oft gefragt, ob zuzügliches Geld nicht überhaupt erst Probleme schafft. Wie Robert Burton vor 300 Jahren in seiner *Anatomie der Melancholie* bemerkt hat: ‚Die Reichen besitzen ihr Geld nicht, sie werden von ihm besessen.‘ "

(So weit das Zitat, das ich dem Buche von Ernest Bornemann „Psychoanalyse des Geldes" verdanke.) Smiley Blanton stellt dann fest, daß Geld nicht alle Probleme löst; und wenn man erst einmal diese Tatsache akzeptiert, wird sich unsere Einstellung zum Leben und unser Streben nach Glück unmerklich verändern. Im großen und ganzen verstehen Amerikaner es, Geld zu verdienen, und das ist auch nichts Schlechtes: ein Mann sollte stolz darauf sein, etwas zu schaffen. Aber, meint S. Blanton selbstkritisch, es mag durchaus ein Fünkchen Wahrheit darin liegen, wenn uns sowohl Freunde als auch Feinde in anderen Ländern vorwerfen, daß wir nur allzu bereit seien, einen Mann vor allem an seinem Dollarwert zu messen. Fazit: Amerikaner neigen dazu, Erfolg im Leben mit Gelderwerb oder Gelderwerbsfähigkeit zu verwechseln.

Auch bei uns, im kapitalistischen Nachkriegs-Deutschland, sagen unsere Spitzen-Manager „Zeit ist Geld", wenn sie zur Arbeit hasten, und sie sagen es in solchem Brustton der Überzeugung, daß die meisten von uns zustimmend nicken. *Aber Zeit ist kein Geld.* Zeit ist weitaus wertvoller. Denn Zeit ist etwas, was wir alle zu gleichen Teilen besitzen: kein Mensch hat mehr davon als der nächste. Und von der Art und Weise, mit der wir sie und nicht unser Geld nutzen, hängt unser Erfolg im Leben ab. Wenn wir erst einmal zu dieser Erkenntnis gelangt sind, verehrte Leser, haben wir womöglich einen großen Schritt vorwärts in der Entwicklung einer neuen Lebensphilosophie getan, die uns, vor allem in der Midlife Crisis, stärken und aufrechterhalten kann.

Ein anderer bedeutender Denker unseres Jahrhunderts, Fritjof Capra, schreibt in seinem Buch „Das Tao der Physik" zum Problem des Geldes aus chinesischer Sicht:

„Nach chinesischer Ansicht ist es besser, zu wenig zu haben als zu viel, und besser, etwas ungetan zu lassen, als es zu übertreiben, denn wenn man auch auf diese Weise nicht sehr weit kommt, so geht man doch bestimmt in der richtigen Richtung. Wer weiter und weiter nach Osten gehen will, findet sich im Westen wieder, und wer mehr und mehr Geld anhäuft, um seinen Reichtum zu vergrößern, wird arm enden. Die moderne Industriegesellschaft mit ihrem stetigen Versuch, den ‚Lebensstandard‘ zu heben, die dabei aber die Lebensqualität für alle ihre Mitglieder senkt, ist eine überzeugende Veranschaulichung dieser alten chinesischen Weisheit."

In seinem oben zitierten Werk stellt Bornemann unter anderem fest, daß der Motor der psychischen Prozesse in einer kapitalistischen Gesellschaft das Geld sei, das sowohl abstrakt als auch maßlos ist – maßlos, weil es keinen konkreten, sinnlichen Bedarf befriedigt und sich deshalb der natürlichen Begrenzung aller anderen Bedürfnisse entzieht. Wer genug gegessen hat, ist satt. Wer genug getrunken hat, ist nicht mehr durstig. Auch der Befriedigung sexueller Lust sind körperliche Grenzen gesetzt. *Nur die Geldgier ist unbegrenzt.*

Bornemann nennt den psychischen Niederschlag dieses sozialen Phänomens den „Midaskomplex". Eine alte griechische Legende erzählt: Midas, König von Phrygien, erbat sich von Dionysos, den er als Gast gespeist hatte, daß alles, was er anfasse, sich in Gold verwandeln möge; und entdeckte zu spät, daß er dann weder essen noch trinken, weder lieben noch sich warm halten konnte, da Speise und Trank, Frauen und Kleidung sich bei seiner Berührung in kaltes, starres Gold verwandelten.

Nirgends in der abendländischen Mythologie – schreibt Bornemann – ist die Widersinnigkeit, die zerstörende, alles Vitale negierende Wirkung des Geldes in komprimierterer Form beschrieben worden. Nirgends ist aber auch der maßlose, neurotische, keiner Befriedigung zugängliche Aspekt des Geldes so eindringlich demonstriert worden. Hier hat die Verdrängung des Gebrauchswertes durch den Tauschwert nicht nur den Nutzen der Wesen und Dinge negiert, sondern droht bereits, den Besitzer zu negieren: er stirbt am Geld, er verhungert, verdurstet, erfriert am Geld.

Die Tarot-Karte „IV der Münzen" zeigt einen Geizhals und symbolisiert außerdem einen Menschen, der von materieller Sicherheit und Bequemlichkeit abhängt. Er gebraucht seine Münzen, um sich vor der Außenwelt zu verschließen. Doch seinen Rücken kann der

Mann nicht abschirmen. Wir bleiben im Leben immer verwundbar, auch wenn wir noch so sehr versuchen, uns durch Egozentrik zu schützen.

Fassen wir wieder zusammen, welche Einsichten uns die 2. Runde unseres geistigen Ringelspiels vermitteln konnte: Ein (unreifer) Mensch, das „Kind" auf seinem Lebenskarussell, sammelt Besitz in Form von Geld und anderen Wertgegenständen, um dadurch das Gefühl von Sicherheit und Schutz zu erlangen. Dieser Wunsch erweist sich in aller Regel als Denkfehler. Somit ergibt sich als

---

Formel II zur Lebenskunst: Hüten Sie sich vor zuviel Besitz! Er engt Ihr Daseins-Gefängnis ein und gewährt, genau besehen, weder Schutz noch Sicherheit! Und wenn Sie Bankrott machen, wird man Ihnen alles wegpfänden. Im übrigen sind Sie nicht auf die Welt gekommen, um möglichst viel Geld zu verdienen – das ist nicht der Sinn des Lebens! Oder möchten Sie letztlich am Geld ersticken wie König Midas?

---

3. Runde:
Aktion - um jeden Preis?

PENTAKEL ACHT

Wie wir erkennen konnten, sitzt der junge, psychisch noch unreife Mensch in seinem Käfig aus Programmen, Meinungen und Vorurteilen und versucht, durch die Gitterstäbe hindurch Kommunikation zu machen. Dies gelingt nur unter Schwierigkeiten – denn wer gibt sich schon gerne mit einem Menschen ab, an den man nicht ran kann, den man nicht „herzen" kann? Hinzu kommt, daß jener Mensch in seiner freiwilligen Haft natürlich zu keinerlei „ausgreifender" Aktion fähig ist. Denn dazu müßte er seine Gitterstäbe überwinden: was er übrigens ohne weiteres und jederzeit zuwege brächte! Denn sein „Gitter" besteht ja nur in seiner Vorstellung! Wenn es ihm gelingt, alte, anachronistische Programme zu löschen, könnte er, in der Runde 3 seines Ringelspiels, in Aktion treten. Aber in welche?

Der Mensch ist zunächst ein Nichts

Wenn man über den Sinn des Lebens philosophiert, das heißt über die beiden wichtigsten Fragen reflektiert, die da heißen: *Wer bin ich? Wozu bin ich da?* – kann es nicht schaden, sich bei Denkern aus kontroversen Disziplinen umzuhorchen: beispielsweise bei einem Philosophen und bei einem Psychologen.

Ich greife, aus einer wehmütigen Reminiszenz an das Jahr 1968, immer wieder gerne zu den Schriften Jean Paul Sartres. Der sagt beispielsweise (sinngemäß): Der Mensch „ist" nicht etwas in dem Sinne, in dem Dinge etwas sind. Er ist vielmehr zunächst „Nichts". Und er muß sich erst, gleichsam in beständiger Schöpfung aus dem Nichts, zu dem machen, was er ist. *Er ist „zur Freiheit verurteilt".* Mit anderen Worten: Der Mensch ist frei. Er kann sich in der Welt engagieren. Im Handeln kann er Werte setzen. Sartre drückt dies so aus: „In dieser Welt, in der ich mich engagiere, scheuchen meine Handlungen Werte wie Rebhühner auf." Daraus folgt, daß die Werte für Sartre kein eigenes Sein haben, nicht etwa zeitlos gültig sein können – unabhängig davon, ob wir nach ihnen streben oder nicht. „Meine Freiheit allein ist die Begründung der Werte." Fazit: Sartres Lehre legt dem Menschen eine außerordentliche Verantwortung auf. Der Mensch kann sich nur in eigenem Aufschwung, gleichsam am eigenen Schopfe, aus dem Nichts ziehen und sich dessen fortwährender Drohung erwehren. Er ist allein verantwortlich – niemandem sonst, insbesondere keinem Gott.

Kehren wir einen Augenblick wieder zur Situation unseres Ringelspiels zurück: Dann können wir mit Sartre übereinstimmen, daß ich als freier Mensch auf alle Fälle zu irgendeiner Art von „Aktion" schreiten muß. Das Abwarten in meinem „Käfig" ist tödlich und „nichtet" mich, wie Heidegger gesagt hat.

Andererseits können wir, wenn wir unser Lebenskarussell als solches bejahen, nicht mit Sartres Prämisse übereinstimmen, daß der Mensch absolut frei sei. Er unterliegt Bindungen, die seiner Wahl nicht unterworfen sind, wie das Hineingeborensein in ein bestimmtes Volk, in ein bestimmtes Geschlecht, eine bestimmte Zeit usw. – ein Umstand, den Heidegger „Geworfenheit" nennt.

Wenden wir uns nunmehr einem Psychologen und Psychotherapeuten zu. Die Wahl ist wieder rein subjektiv, indem ich mich auf einen Mann berufe, der mir besonders liegt und dem ich viele wertvolle Einsichten verdanke. Ich meine den Amerikaner Robert S. de Ropp. In seinem bemerkenswerten Buch „Das Meisterspiel" stellt er zunächst (in Übereinstimmung mit Thomas Szaz) fest, daß man die Art und Weise, wie die Gesellschaft ihre Angelegenheiten und wie der einzelne die seinen wahrnimmt, als

Spielablauf bezeichnen kann. Religion, Gesetze und Sitten der Gesellschaft stellen die Regeln auf, nach denen die Menschen spielen müssen; denn tun sie es nicht, werden sie so oder so bestraft.

Thomas Szaz, einer der profiliertesten und unbequemsten Psychiater der USA, geht sogar so weit zu behaupten, daß die Menschen in diesem Leben weder Reichtum noch Komfort, noch Wertschätzung wirklich brauchen, sondern *spielenswerte Spiele*. Wer keine spielenswerten Spiele finden kann, läuft Gefahr, der Lähmung seines Willens, einem Zustand allgemeiner Langeweile und völliger Frustration, anheimzufallen. Damit hat Szaz exakt die Situation beschrieben, in der sich – weltweit! – jene jungen Leute befinden, die (aus Langeweile) kriminell werden oder Drogen versuchen. *Sie haben für sich kein spielenswertes Spiel gefunden!* Im übrigen versorgt uns die Geschichte ab und an mit typischen „Lehrstücken", wie dies Bert Brecht bezeichnen würde. So ist die deutsche Vereinigung ein Lehrstück par excellence. Zum Beispiel insofern, als in den neuen Ostländern Millionen Menschen arbeitslos geworden sind. *Für die gibt es überhaupt kein Spiel zu spielen – geschweige denn ein „spielenswertes" Spiel!* Nicht nur die sozialen, sondern die psychologischen Folgen sind entsetzlich! Vor allem die Männer, eo ipso psychisch schwächer als die Frauen, halten diesen tatenlosen Zustand nicht aus. Konsequenz: Viele tragen ihre Arbeitslosenunterstützung in die Kneipen und versohlen anschließend ihre Frauen und Kinder. Die Aggressionen, die sich gegen den „Wiedervereinigungskanzler" in ihnen aufgestaut haben, verschieben sie auf ihre Familien. An derartige Folgen der übereilten Vereinigung haben Herr Kohl und sein Kabinett nicht gedacht. Die haben, nach gut kapitalistischer Manier, immer nur gefragt: „Was kostet die Wiedervereinigung?" Denn das Ignorieren sozialer Probleme ist systemimmanent.

Robert S. de Ropp klassifiziert die wichtigsten Spiele in: das *Meisterspiel* (Ziel: Erwachen); das *Religionsspiel* (Ziel: Erlösung); das *Wissenschaftsspiel* (Ziel: Wissen); das *Kunstspiel* (Ziel: Schönheit). Und in die (aus ethischer Sicht) „*niederen*" Spiele, denen die Mehrzahl der Menschheit anhängt:

– „Schwein am Futtertrog" (Ziel: Reichtum);
– „Hahn auf dem Misthaufen" (Ziel: Berühmtheit);
– „Molochspiel" (Ziel: Ruhm oder Sieg).

„Schwein am Futtertrog" wird gespielt, um möglichst viel Besitz anzuhäufen, wobei die zu diesem Zweck eingesetzten Methoden nicht gerade von der „feinen englischen Art" sind.

„Hahn auf dem Misthaufen" wird von den Statussuchern gespielt, die immer in aller Munde sein wollen. Nach dem Motto: „Lieber ein berühmter Verbrecher als ein Niemand!"

„Das Molochspiel" wird von Typen wie Saddam Hussein gespielt. Eine nähere Schilderung erübrigt sich wohl...

Robert S. de Ropp beschließt die Beschreibung der verschiedenen Spiele mit folgender Aufforderung an seine Leser:

„Was ist der Rat des Propheten für den modernen Menschen? Suchen Sie zuerst nach einem spielenswerten Spiel! Haben Sie das Spiel gefunden, spielen Sie es intensiv; spielen Sie es, als ob Ihr Leben und Ihr klarer Verstand davon abhingen (Sie hängen davon ab!). Falls das Leben kein spielenswertes Spiel anbieten sollte, erfinden Sie eines! Denn es muß selbst dem vernebeltsten Hirn klar sein, *daß jedes beliebige Spiel besser ist als kein Spiel.*"

Einer unserer guten deutschen Psychotherapeuten, Peter Orban, der nicht nur durch Wissen und Erfahrung, sondern mindestens ebenso durch seine Ehrlichkeit besticht, schreibt (zusammen mit Ingrid Zinnel) zur Situation des Menschen in der dritten Runde unseres Ringelspiels (in seinem Buch: „Der Tanz der Schatten") sinngemäß folgendes:

Sich regen bringt Segen

Man muß etwas tun. Es gilt, die Beweglichkeit nicht nur der Glieder, sondern auch des Sprach-, Hör- und Sehapparates zu trainieren und einzusetzen. Denn wenn ich mich nicht aus meinem Gefängnis hinaus in den Außenraum aktiviere, kann ich nicht nur nichts bewirken – *ich werde ja auch von niemandem wahr-*

genommen! Und nicht wahrgenommen, nicht beachtet zu werden zählt mit zum Schlimmsten, was einem Menschen widerfahren kann! Da saust das Selbstwertgefühl innerhalb kürzester Frist in den Keller! Ich muß mich also aus zwei Gründen *bewegen:* zum einen, damit ich das Gefühl habe „Ich existiere!" So lange versinke ich *nicht* im Nichts. Zum anderen werde ich durch meine Aktionen von der Umwelt wahrgenommen.

Nun gibt es besonders schlaue Zeitgenossen, die weichen auf rein intellektuelle Aktivitäten aus – sie lesen eine Unmenge Bücher und betätigen sich als „Klugsnaker". Nur, damit sie nichts *tun* müssen! Doch solche Menschen „lügen sich in die eigene Tasche".

Peter Orban vergleicht diesen Typ mit einem Mannequin: Er stellt etwas dar – *aber er ist nicht, was er darstellt!* Mit anderen Worten: Von so einem Typ wird nichts in Bewegung gesetzt und niemand wird motiviert. Warum? *Wegen seiner Belanglosigkeit!* So einem Menschen kann man nur die alte Parole vor Augen halten: *Mensch, werde wesentlich!*

Fassen wir mal wieder zusammen: Es gibt Menschen, die „funktionieren". Wie die Frau auf der Tarotkarte, die Münze um Münze erwirbt, „weil man ja irgend etwas tun muß", und die im übrigen „Leerformeln" von sich gibt – mehr hat sie nicht zu bieten! Deshalb ist es ihr verwehrt, eine sinnvolle und beeindruckende Rolle in der Gesellschaft zu spielen, was bei ihr oftmals zum „Mauerblümchen-Syndrom" führt. Das Schlimmste ist, daß unsere bedauernswerte Karussellfahrerin nicht ahnt, *warum* sie von ihrer Umgebung nicht akzeptiert wird. Mit anderen Worten: Sie braucht einen Menschen, der ihr zugetan ist und der sie taktvoll auf ihr Manko aufmerksam macht. Nur so hat sie eine reelle Chance, sich weiter zu entwickeln und die bevorstehende 4. Runde zu bewältigen, ohne daß ihr schwindlig wird... Womit nicht gesagt ist, daß sie diese Chance auch nützen würde...

Wieder einmal „nebenbei" angemerkt: Ich habe Peter Orban als „guten" Therapeuten bezeichnet. Sollten Sie, verehrte Leserin, verehrter Leser augenblicklich in einer Situation sein, die die Hilfe eines Therapeuten sinnvoll erscheinen läßt, und sollte Ihnen „zufällig" dieses Buch in die Hände gefallen sein, so setzen Sie sich bitte mit dem folgenden „Statement" auseinander.

Einen guten Therapeuten erkennt man daran, daß er

- sich *nicht für einen gottähnlichen Guru hält*, der wieder einen „normalen" Menschen aus Ihnen machen wird;
- diesen Beruf ergriffen hat, weil er selbst *Hilfe zur Selbstfindung* braucht, deshalb die Arbeit mit Ihnen als *Selbsttherapie* betrachtet;
- und Ihnen dies auch gelegentlich erzählt;
- Ihnen klipp und klar sagt, daß Sie sich als die Persönlichkeit, die Sie in Jahrzehnten geworden sind, nicht mehr ändern werden – und daß Sie deshalb als erstes lernen müssen, *sich als den Menschen zu akzeptieren, der Sie nun einmal sind*;
- Sie nicht auffordert, alle Menschen zu lieben, weil dies die Voraussetzung für Ihre „seelische Gesundung" sei;
- Ihnen bei der ersten Sitzung klarmacht, daß kein Mensch einen anderen „heilen" kann – und daß Sie deshalb selbst dafür sorgen müßten, sich im Leben wieder – halbwegs! – zurechtzufinden;
- Sie eindringlich fragt, ob Sie überhaupt wieder „gesund" werden wollen – weil jeder Neurotiker auch einen nicht unbeträchtlichen *Gewinn aus seiner „Krankheit"* zieht;
- von Ihnen erwartet, daß Sie, mit seiner Hilfestellung, *ernsthaft an sich arbeiten*, um möglichst schnell wieder Ihre innere Balance zu erreichen – weil jahrelange Therapien nichts bringen.

Wir können, nach dieser notwendigen Abschweifung, nunmehr einen weiteren Rat für den „Weg zum Lebenskünstler" artikulieren:

Formel III zur Lebenskunst: Wenden Sie wenigstens einen Teil Ihrer Zeit für Selbsterforschung auf? Wer sind Sie? Was können Sie? Was haben Sie gelernt? Sind Sie politisch interessiert und informiert? Wie stehen Sie zur Religion? Reißt man sich um Sie als Gesellschafter und Unterhalter, weil Sie intelligent und gebildet sind – oder bereitet man Ihnen ein „Mauerblümchen-Schicksal", weil Sie nichts wissen und nichts bewirken?

---

4. Runde:
Der Schausteller und seine Puppen

DIE HERRSCHERIN

Unser imaginierter Karussellfahrer – also Sie, lieber Leser – hat in den ersten drei Runden seines ganz individuellen Ringelspiels vorwiegend eine Problematik durchlebt, die mit ihm als einer *körperlichen Erscheinung* zusammenhängt. Um Irrtümern vorzubeugen, sei darauf hingewiesen, daß es *kein allgemeines Ringelspiel* gibt. Es gibt immer nur dieses ganz spezifische, „hautgeschneiderte" Spiel, in das ein Mensch hineingedrückt worden ist. Das heißt, Sie *müssen* Ihre Karussellfahrt hinter sich bringen, Runde für Runde – Sie haben keine andere Wahl!

Andererseits ist festzustellen, daß der Terminus „Runde" nicht bedeutet, daß der Karusselfahrer *einmal* im Kreise herumfährt. Eine Runde kann, zeitlich gesehen, sehr kurz sein oder recht lange dauern – entsprechend der Entwicklungsfähigkeit eines Menschen. Bekanntlich gibt es „Spätentwickler", die brauchen eben länger. Gemeint ist also, daß ein Mensch so lange seine Runde dreht, *bis er die zu dieser Runde gehörende Lektion gelernt hat.* Denn auch dies soll an dieser Stelle klar formuliert werden: *Das Leben ist kein „Zuckerschlecken", sondern ein einziger Lernprozeß.* Dieser Lernprozeß bereitet immer wieder Pein und Schmerzen. Das, was der „Durchschnittsmensch" als „Glück" bezeichnet, so eine Periode des problemlosen Hochgefühls – diese Perioden rechnen nach Minuten oder allenfalls nach Stunden! Wegen dieser kurzen „Glücksperioden" würde sich diese ganze Plackerei, die wir als „Leben" bezeichnen, nicht lohnen.

Die Struktur der Seele

Der Mensch besteht, wie wir bereits wissen, aus Körper, Seele und Geist. Nachdem wir uns mit der Problematik des Körpers wenigstens oberflächlich vertraut gemacht haben, wollen wir jetzt, in der 4. Runde, in den Bereich des Seelischen eintauchen. „Eintauchen" ist übrigens gar kein schlechter Ausdruck. Denn in der Tat begeben wir uns, wie ein Taucher, in ein Gebiet, das wir niemals vollständig ausloten und in seiner Struktur erkennen können. Da indessen auch ein möglicherweise fehlerhaftes Denkmodell immer noch besser ist als keines, wollen wir nunmehr versuchen, an Hand eines Modells eine *brauchbare Vorstellung* der Seele zu gewinnen. „Brauchbar" insofern, als wir mit diesem Modell arbeiten und aus ihm plausibel erscheinende Erklärungen unseres Verhaltens gewinnen können.

Dieses Denkmodell der Seele, das ich aus Peter Orbans Buch „Pluto" entlehnt und etwas abgeändert habe, sagt zunächst einmal aus, daß die Seele die erlebte und angesammelte Geschichte eines Menschen darstellt. Oder, wie ich in meinen Seminaren zu sagen pflege: *In unserer Seele ist alles gespeichert, was seit dem Urknall passiert ist.* Und da die Seele die Möglichkeit hat, Informationen aus dem Universum abzurufen, kann einem die Seele, wenn man sie beispielsweise mit Hilfe des I Ging oder des Tarot befragt, auch Aussagen über die Zukunft eines Menschen vermitteln. Doch dieser Aspekt interessiert uns im Augenblick nicht.

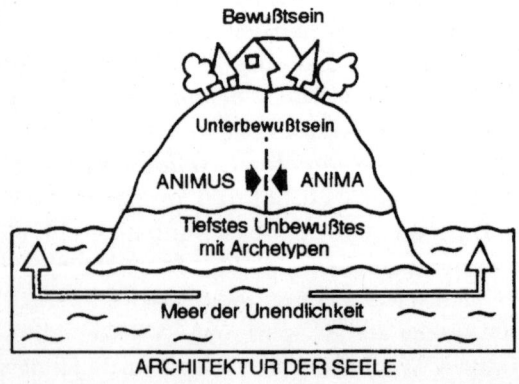

ARCHITEKTUR DER SEELE

Hingegen kann uns nebenstehende Zeichnung folgende Einsichten vermitteln: Die Seele taucht im Augenblick der Geburt aus dem „Meer der Unendlichkeit" auf und entwickelt sich, wie ein Korallenbau, in Schichten himmelwärts. Auf der Oberfläche dieser Insel sitzt unser Bewußtsein und versucht, sich in der für es neuen Weltregion zu orientieren. Nur einen winzigen Teil des Erlebten kann unser Bewußtsein so speichern, daß die gespeicherten Informationen jederzeit wieder abgerufen werden können. Das meiste sinkt in das „Unterbewußtsein" ab, von wo es mittels verschiedener Methoden, zum Beispiel durch Hypnose, wieder ans Tageslicht befördert werden kann. Ein Großteil sinkt jedoch in die tieferen Schichten des „Unbewußten" ab, von wo es normalerweise nie mehr herausgeholt werden kann.

Ich sage „normalerweise", weil es in der Tat Verfahren gibt, die einen beschränkten Zugang zu diesen tiefsten Schichten und deren Informationen erlauben. Dazu gehört der Einsatz von Drogen, wie LSD, oder eine „Reinkarnationstherapie". Jedenfalls vermischen sich die vom Bewußtsein abgesunkenen Informationen in der Tiefe des Unbewußten mit jenen Uralt-Informationen (Archetypen) aus früheren Inkarnationen: und dieses Informationskonglomerat beeinflußt bis zu einem gewissen Grade unser heutiges Verhalten.

Ich will einmal kurz zusammenfassen: Das Denkmodell über die Seele, wie es von Orban und anderen Psychotherapeuten mit Erfahrungen aus der Reinkarnationstherapie beschrieben wird, geht davon aus, daß bei der Geburt ein inselartiges Gebilde entsteht, das aus zwei Quellen Wachstum aktiviert: aus einer uralten Tiefenschicht und aus einer Sedimentsschicht, die aus abgesunkenen Informationen des Bewußtseins besteht und von Tag zu Tag weiterwächst. Dieses inselartige Erinnerungsgebilde nennen wir „Seele".

Nun haben wir noch einen weiteren Gesichtspunkt zu berücksichtigen: Im Universum herrscht das *„Gesetz der Polarität"*. Es gibt also kein „Ding an sich", beispielsweise etwas „Dunkles", sondern es gibt jedes Ding nur in Beziehung zu seinem Gegenpol, also zum „Hellen, Lichten". Daraus folgt, daß kein Licht sein kann, wo keine Dunkelheit herrscht, und umgekehrt.

Erinnern wir uns jetzt wieder der Schöpfungsgeschichte: Gott hat den Adam zunächst zweigeschlechtlich entworfen. Und als er sein fleischgewordenes Ideengeschöpf später trennte, um die Eva zu erschaffen, hatten dennoch beide Menschen in ihrer Seele einen männlichen und einen weiblichen Anteil. Dies hat sich bis heute nicht geändert.

Wir müssen also unser Denkmodell in zwei Hälften teilen, woraus sich (nach C.G. Jung) ein „Animus" und eine „Anima" ergibt. Oder, wie die Chinesen sagen, ein (weiblicher) Yin-Anteil und ein (männlicher) Yang-Anteil. Wobei der Yang-Anteil als „Schöpferkraft" und damit als „stark" und der Yin-Anteil als „das Empfangende" und damit als „schwach" klassifiziert wurde.

Ich kann mir vorstellen, verehrte Leser, daß sich einigen Schulpsychologen die Haare sträuben, wenn sie diese „unwissenschaftlichen" Erklärungen über die Seele lesen. (Von diesen Typen werde ich auch mit schöner Regelmäßigkeit angegriffen, vorzugsweise in Leserbriefen und Rezensionen.) Doch das läßt mich kalt. Meine Bücher wenden sich *ausschließlich* an „Normalverbraucher", das heißt, an durch den Beruf oder widrige Umstände gestreßte Zeitgenossen, die beispielsweise dahinterkommen wollen, warum sie ewig zu den Fast-Erfolgreichen gehören oder warum ihr Liebesleben nicht funktioniert. Und wenn diese Mitmenschen durch die Lektüre dieses Buches ein paar Aha-Erlebnisse haben, die es ihnen ermöglichen, ihre Situation *aus eigener Kraft* zu verbessern - was wollte man als „schreibender Lebensberater" mehr erreichen?

Die ungebärdigen Seelenbewohner

Stellen wir uns vor, das Karussell, auf dem wir durch unser Leben fahren, gehörte einem älteren Schausteller. Er verdient sich ein Zubrot, indem er zwischendurch auf einer Stufe des Aufgangs sitzt und mit zwei Handpuppen Theater spielt. Die eine Puppe, ein meist plärrendes und ausgesprochen unerzogenes Kind, führt er mit der *linken* Hand (die von der rechten Gehirnhälfte gesteuert wird). Die andere Puppe, einen grimmig dreinsehenden „Titanen" mit der Ausstrahlung eines machtgierigen Despoten, führt unser Schausteller mit der *rechten* Hand (die von der linken Hemisphäre versorgt wird). Wir haben also, grafisch ausgedrückt, folgende Konstellation vor uns:

Schausteller

Titan

YANG

Kind

YIN

Das Bild symbolisiert die drei Kräfte, die ständig die „Walstatt unseres Lebens" bevölkern – und zwar ausgesprochen kämpferisch. Das plärrende Kind von etwa drei Jahren setzt alle für es verfügbaren Waffen ein, um sowohl den Titanen wie auch den Schausteller zu ärgern, vor allem durch Trotz, Lüge und Manipulation. Der Titan schreit dauernd „Ich bin der Größte" und fordert „Sonderzulagen" vom Schausteller, beispielsweise in Form eines neuen, „standesgemäßen" Autos. Der Schausteller (unser Bewußtsein) versucht, die beiden Störenfriede mit ethischen Ge- und Verboten niederzuhalten; oder, als letztes Mittel, indem er sie aufeinanderhetzt. Jedenfalls gibt es Tage, da ist der Schausteller am Abend völlig erschöpft und erhofft sich nur eines: daß ihn seine ungebärdigen „Untermieter" wenigstens des Nachts nicht belästigen.

Wie Sie, verehrte Leser, vermutlich längst erkannt haben, symbolisiert das „plärrende Kind" jenes (von Eric Berne so genannte) „Kindheits-Ich", das heißt, jenen Persönlichkeitsanteil, der in uns in kindlichem Eigensinn verharrt. Im Klartext: *Der Kern unserer Persönlichkeit besteht noch aus einem etwa dreijährigen, ungezogenen und eigensinni-*

41

gen Kind. Wir sind zwar erwachsen geworden – körperlich! Die psychologische Reife, die wir erreicht haben, läßt indessen sehr zu wünschen übrig und hängt unter anderem davon ab, inwieweit es uns gelungen ist, unser spontanes und ungebärdiges Kind zu bändigen. Vor allem sucht unser aufsässiges Kind ständig jene Devise auszuleben, die Sigmund Freud so artikuliert hat: „Der Mensch lebt nach dem Lustprinzip!" So versucht beispielsweise unser Kind mit Beharrlichkeit, uns zu Sexspielen zu überreden, welches Verlangen meist vom Schausteller „abgewürgt" wird.

Da wir uns mit der Yang-Problematik in der 5. Runde beschäftigen wollen, sei jetzt kurz auf das weibliche Yin-Element eingegangen. In der augenblicklich ablaufenden 4. Runde müssen wir uns als Karussellfahrer mit dem Prinzip des Weiblichen, und zwar sowohl als der Ur-Mutter als auch der Ur-Geliebten, auseinandersetzen.

Das „Weib", auf der Tarot-Karte als „Herrscherin" dargestellt, ist zum einen unsere (archetypische) Ur-Mutter und symbolisiert als solche die Wünsche nach Vereinigung, Verschmelzung, Geborgensein, Angenommensein, Aufgenommenwerden, sowie nach Wärme und Schutz.

Das Weib als Ur-Geliebte, als Spenderin aller sexuellen Freuden, wird bei uns, als Folge unserer christlichen Fehlprogrammierung, immer unterdrückt. Dabei weiß heute jeder „Normalbürger", der regelmäßig Illustrierte liest, daß jede zweite Partnerschaft (in der ehemaligen Bundesrepublik) sexuell unbefriedigend ist. Es gehört auch zum Allgemeinwissen, daß sexuell frustrierte Menschen sich selbst und ihrer Umwelt ein Ekel sind und daß ihr Selbstwertgefühl als Folge des sexuellen Unvermögens stark reduziert ist.

Damit wir nicht aneinander vorbeidenken, verehrte Leser, sei nochmals daran erinnert, daß wir ursprünglich androgynen Geschöpfe *mit zwei verschiedengeschlechtlichen Seelenanteilen* ausgestattet sind. Das bedeutet, daß Sie als männlicher Leser auch einen weiblichen Seelenanteil haben (Anima = Yin) und daß Sie, verehrte Leserin, auch einen männlichen Anteil in Ihrer Seele aufweisen (Animus = Yang). Die sich daraus ergebende Problematik ist eine Folge unserer perversen Erziehung: weil die uns im Elternhaus und durch die Gesellschaft vermittelten Rollenbilder den Mann *nur* stark und beherrschend sehen wollen, während die

Frau schwach und hingebungsvoll zu erscheinen hat. Die Aufgabe der *Emanzipation* besteht also darin, *beiden* Geschlechtern zu helfen, aus ihren anachronistischen und naturwidrigen Rollenbildern auszubrechen. Und dies kann nur – im Laufe der nächsten Jahrhunderte! – geschehen, wenn die Geschlechter dieses Ausbrechen aus ihren Rollen als *gemeinsame Aufgabe begreifen* und in Angriff nehmen. Das publicityträchtige Geschrei der „Emanzen" mußte deshalb wirkungslos verpuffen. Außer der ineffizienten Zeitschrift „Emma" ist ja auch von dem ganzen Emanzipationsrummel nichts geblieben...

Die Aufgabe eines männlichen Karussellfahrers in der 4. Runde läßt sich also wie folgt beschreiben: Er muß lernen, seinen männlichen Seelenanteil (den „Animus") zu dämpfen und seinen weiblichen Anteil (die „Anima") wachsen zu lassen. Gelingt ihm dies nicht, so wird er, beispielsweise, nie ein guter Liebhaber werden, weil ihm das Einfühlungsvermögen fehlt. Andererseits muß unser Karussellfahrer auch lernen, seinen Titanen zu bändigen: denn so lange sich dieser nur als „Macho" sieht, will er die Frau unterwerfen und sie lediglich als Sexualobjekt benützen.

Das gleiche gilt, vice versa, für eine Frau: sie muß lernen, ihren männlichen Seelenanteil (den „Animus") hochkommen zu lassen. Schließlich kann sie sich nicht ewig als „Seelchen" dem Manne bedingungslos hingeben. Die Aufgabe für beide Geschlechter heißt also, jeweils Yin und Yang in die Waage zu bringen.

Es ist nunmehr auf einen weiteren wesentlichen Punkt hinzuweisen, der von der Allgemeinheit noch gar nicht wahrgenommen worden ist: Die Gefühle, die ja aus unserem Unterbewußtsein aufsteigen, sind immer an (fiktive) Personen gebunden. Das heißt: Liebesgefühle (des Mannes) sind an die Mutter oder eine phantasierte „unsterbliche Geliebte" gebunden. Gefühle der Wut oder des Hasses sind an irgendeine „Feindfigur" fixiert. Gefühle des Trotzes oder des Schmerzes über eine fehlende Zuwendung gehören zu unserem „dreijährigen (plärrenden) Kind". Und Gefühle des Allmachtanspruches hängen an unserem „Titanen". Summa summarum: *Alle Gefühle, die in uns hochsteigen, sind an unbewußt gebliebene (oder verdrängte) Personen geheftet.* Oder, um es noch klarer zu formulieren: *Alle* Personen, die in unserem Leben eine

Rolle gespielt haben, haben sich gewissermaßen als „Schatten" in unserem Unterbewußtsein eingenistet. Und da sie allesamt die Tendenz haben, sich wieder bemerkbar zu machen und Einfluß auf unser bewußtes Leben zu nehmen, bedienen sie sich lebender Personen als Vollstrecker ihres Vorhabens. Das bedeutet aber: *Alle Menschen, mit denen wir tagtäglich kommunizieren, in der Familie, im Freundeskreis oder im Beruf, haben eine ganz spezielle Bedeutung für uns: Sie wollen uns auf einen Charakterzug hinweisen, von dem wir nichts wissen, der aber unser Verhalten beeinflußt.*

Wenn wir beispielsweise im Bekanntenkreis einen Geizhals haben, den wir deshalb heftig verurteilen, so zeigt dies an, daß wir im Grunde unserer Seele eine Neigung zum Geiz haben. Wenn wir einen Menschen wegen seiner Herrschsucht ablehnen, läßt dies darauf schließen, daß wir selbst ein verkappter Despot sind. Wenn wir uns beruflich mit wahrer Leidenschaft der Verbrechensbekämpfung hingeben, so läßt dies auf eigene (unbewußte) kriminelle Neigungen schließen. Und wenn wir uns als ausdauernder Kämpfer gegen die Pornographie erweisen und ständig die Schließung von Bordellen und eine „saubere Leinwand" fordern, so ist es (für jeden Psychotherapeuten) sonnenklar, daß wir unsere eigenen, starken sexuellen Triebkräfte auf diese Weise kompensieren. Konsequenz aus diesen (tiefenpsychologisch nicht zu wiederlegenden) Tatsachen: *Alle Menschen, die „zufällig" mit uns Kontakt haben, als Ehepartner, als Chef, Kollege oder Freund, haben vor allem eine Aufgabe: für uns als Spiegel zu fungieren, durch den wir unsere „Schatten" erkennen können.*

Ich höre die empörten Aufschreie einiger Leser, die „zufällig" den Beruf eines Richters, Staatsanwaltes oder Polizisten ausüben. Das ist ja gerade jene Menschengruppe, die moralisch besonders hochstehend sein sollte – sonst könnte sie nicht über die Moral ihrer Mitmenschen wachen bzw. richten. Ich erlaube mir deshalb einen weiteren, „despektierlichen" Hinweis: Wir alle wissen, daß es KZ-Kapos gegeben hat, die die Häftlinge zunächst seelisch zerbrochen und sie dann brutal zu Tode gebracht haben. Wir wissen aber auch – und zwar verbürgt! –, daß im Dritten Reich niemand *gezwungen* worden ist, diese Aufseherfunktion auszuüben, und daß SS-Leute, die in ein Lager abkommandiert worden waren, sich freiwillig an die Front gemeldet haben, weil sie dieser Menschenschinderei nicht gewachsen waren.

Niemand ist zu verurteilen, weil er, seit Geburt (oder als Reminiszenz an frühere Leben) „kriminelle" Neigungen irgendwelcher Art in den Tiefenschichten seiner Persönlichkeit mitherumschleppt. Aus diesem Grunde wage ich es (als Psychologe) auch nicht, beispielsweise einen Saddam Hussein moralisch zu verurteilen. Letztlich kann er nichts dafür, daß er so ist, wie er ist. Und er ist ja auch nicht das seltene Einzelexemplar eines mordlustigen Gewaltherrschers. Von diesen Typen gibt es zur Zeit wahrlich genug auf dieser Erde!

Ziehen wir also einen Schluß, verehrte Leser: Wer sich durch meine Ausführungen betroffen fühlt, sollte sich nicht ärgern, sondern „im stillen Kämmerlein" ernsthaft, intensiv und sehr lange darüber nachdenken, welche Art von „Schatten" er in sich hat; und welche „Spiegelfunktion" jene Personen haben könnten, die seine ständigen Begleiter sind. Dann wird so ein Leser oder so eine Leserin ein Stückchen mehr der schicksalhaften Aufgabe jedes Menschen gerecht, am Ende eines lebenslangen Suchens nach Weisheit und Erleuchtung *in die eigene Tiefe zurückzukehren.*

Formel IV zur Lebenskunst: Bemühen Sie sich beständig um das Gleichgewicht in Ihrer Seele. Wie ist bei Ihnen das Verhältnis von Yang zu Yin? Eifern Sie (als Mann) dem Macho-Typ nach? Oder bemühen Sie sich, auch Gefühle zu zeigen und damit Ihre Kommunikation allgemein und mit dem anderen Geschlecht im besonderen zu verbessern? Beharren Sie, als Frau, auf der anschmiegsamen „Seelchen-Rolle" – oder lassen Sie, peu à peu, den „Mann in sich" hochkommen, um sich besser durchzusetzen?

5. Runde:
Die Macht und die Herrlichkeit

DER WAGEN

Während wir uns in der 4. Runde mit unseren Gefühlen und deren unbewußter Wurzel, unserem „Schatten", beschäftigt haben, betreten wir nunmehr das Reich des Yang. Das heißt, wir werden uns mit dem „Titan" in uns auseinandersetzen. Und einmal herausarbeiten, was so alles passieren kann, wenn wir ihm freie Hand lassen.

Hier geht es zunächst um drei Begriffe, die wir abklären müssen: Das „Ego", die Macht und die Arbeit.

Das Ego – eine brauchbare Hypothese

Der Mensch ist, was er denkt. Das haben wir schon am Beispiel des Karussellfahrers herausgearbeitet, der mit seiner Umwelt durch Gitterstäbe kommuniziert – obwohl es diese Stäbe realiter gar nicht gibt. Und die Wirklichkeit ist auch nicht so, wie wir sie wahrnehmen. So haben wir alle in der Schule gelernt, daß die Erde um die Sonne kreist. Und seit es Weltraumstationen gibt, können wir anhand der Fotos feststellen, wie unser blauer Planet als einer von vielen seine Bahn zieht. Und trotzdem: Wenn wir einen Sonnenuntergang beobachten, dann *sehen* wir, daß die Sonne um die Erde kreist: Sie geht, wenn sie ihre Tagesbahn vollendet hat, unter –

die natürlichste Sache der Welt! Das bedeutet aber: Mit der falschen Vorstellung von der Wirklichkeit können wir nicht nur sehr gut leben; wir können die sich bewegende Sonne auch zur Zeitmessung (mit einer Sonnenuhr) benützen; und da die Sonne für uns auch die Jahreszeiten markiert, können wir uns nach diesem „Sonnenkalender" richten, wenn wir beispielsweise säen wollen. Konsequenz aus diesen Beobachtungen: Wir können auch mit einer falschen Theorie recht brauchbare *praktische* Ergebnisse erzielen.

In der Psychologie, die ja keine Wissenschaft darstellt, weil man an die Seele weder mit Meßinstrumenten noch mit irgendwelchen „Röntgenapparaten" herangehen kann, ist man mehr als in anderen Disziplinen auf die „Philosophie des als ob" angewiesen: Man stellt eine Hypothese auf und beobachtet dann, welche Indizien, zum Beispiel als Ergebnis einer Therapie, diese Hypothese stützen.

Ein klassisches Beispiel für dieses erfolgreiche Vorgehen ist die Hypothese über unser „Ich", von den Fachleuten gerne „Ego" genannt (weil die lateinische Bezeichnung „wissenschaftlicher" klingt). Wir betrachten im allgemeinen das „Ich" als das Zentrum unserer Person. Das ist berechtigt, weil wir uns ohne „Ich" nicht von der Umwelt abgrenzen könnten. Unser „hautverkapseltes Ich" vermittelt uns den Eindruck, Distanz und Differenzierung bildeten die Grundlage aller zwischenmenschlichen Beziehungen. Und im täglichen Leben ist dies ja auch so.

Mittlerweile ist sich die psychologische Fachwelt darüber einig (ein sehr seltener Vorgang!), daß das „Selbst" das Zentrum unserer Persönlichkeitsstruktur ist und das „Ich" als eine Art „Ummantelung" fungiert, die das Selbst gegen die Umwelt abschirmt. Deshalb ist es so schwierig, bis zum Selbst vorzudringen. Das heißt, wenn wir Verbindung mit unserem innersten Wesenskern, dem Selbst, aufnehmen wollen, müssen wir das „Ich" irgendwie beiseiteschieben oder gar zertrümmern. Ich werde in der 12. Runde auf diesen Prozeß zurückkommen. Zunächst gehen wir von der Fiktion aus, das Ich (Ego) sei unser seelischer Mittelpunkt.

Nun ist dieses Ich kein wohlstrukturiertes Ding, sondern ein Konglomerat von diversen Rollen – wie ein Schauspieler, der je nach Situation von einer Rolle in eine andere wechselt. Deshalb sagt beispielsweise der bereits erwähnte Psychologe Robert S. de

Ropp, *das Ich sei wie eine Kiste voll aufziehbarer Puppen*, teils so, teils so angezogen – manche angenehm, manche unangenehm, manche schlau, manche dumm. Sind die richtigen Bedingungen gegeben, so steigt eine Puppe aus der Kiste, zieht ihre Schau ab und fällt dann zurück in Schweigen.

Ich will die Vorgänge um das Ich nicht komplizieren. Ich will indessen darauf hinweisen, daß die Art und Weise, wie wir unser Ich zur Geltung bringen, unter anderem auch davon abhängt, welche unserer beiden „eingeborenen" Puppen, das Kind oder der Titan, das Ich besetzen. Gelingt es dem Kind, im Wettkampf mit dem Titanen zu obsiegen und sich dadurch im Ich darzustellen, so erscheint der Mensch, in dessen Seele sich dieser Zweikampf abgespielt hat, als mehr weiblich gestimmt, im Yin-Zustand und ist auf Kompromißbereitschaft und Annäherung eingestellt. Das ist jener Zustand, den wir in der 4. Runde kennengelernt haben.

Amor vincit omnia?

Im Yang-Zustand, der uns im Augenblick interessiert, hat der Titan unser Ich usurpiert und versucht in der ihm eigenen aggressiven Art, die Anerkennung seines konstanten Anspruchs durchzusetzen: *„Ich bin der Größte!"* Das wirkt sich besonders in zwei Bereichen aus: im Berufs- und Liebesleben.

Nun gibt es Menschen, für die die Arbeit der einzige wirkliche Lebensinhalt ist, weil sie keine anderen Interessen haben. Viele entwickeln sich im Laufe der Zeit zu „Workoholics", das heißt, sie sind auf das Arbeiten genauso süchtig wie ein anderer auf Alkohol oder Drogen. Die meisten dieser „Arbeitstiere" haben keinen Karriereehrgeiz, sondern wollen auf ihrem Gebiet besser sein als andere mit vergleichbaren Aufgaben. Viele Männer schaffen es auch nicht, eine haltbare sexuelle Beziehung herzustellen, weil sich keine Frau in der Freizeit das ewige Gerede über die Arbeit anhören will. Und so degenerieren diese Arbeitssüchtigen irgendwann zu „geschlechtslosen Arbeitsbienen".

Anders die Machtsüchtigen. Yang-Typen sind gefährlich, weil sie so aggressiv sind und so rücksichtslos ihrem Ziel zustreben.

48

Andererseits machen sie aus ihrem Ehrgeiz auch keinen Hehl - jeder weiß, woran er mit ihnen ist!

Jeder, der zum Beispiel als Manager erfolgreich ist, heiratet irgendwann „standesgemäß", denn eine intakte Familie gehört nun mal in unserer heuchlerischen Gesellschaft zum Image des „Machers". Und manche gutaussehende junge Frau heiratet so einen Erfolgstypen in der Hoffnung, daß sie ihn durch ihre selbstlose Liebe schon etwas „weicher", sprich „menschlicher" statt „männlicher", machen wird. Das ist ein Denkfehler! Im innerseelischen Kampf zwischen dem Kind, das für die liebevolle Zuwendung steht, und dem Titanen, für den auch „die Liebe" nur eine weitere Möglichkeit ist, sein Ich aufzuplustern, *siegt immer der Titan!*

Vielfach sind Paare, die „standesgemäß" geheiratet haben, Partner in einem „Geschäft auf Gegenseitigkeit". Wie in unserem Beispiel: Der erfolgreiche Macher, ein echter Yang-Typ, heiratet eine gutaussehende jüngere Dame und „erhöht" sie dadurch in ihrem Wert als Person - und so empfindet sie das auch! Andererseits bestätigt sie ihn in seiner Männlichkeit und steigert sein Image, weil er so eine hübsche (oder reiche) Frau „erobert" hat. Das ist ein reines Tauschgeschäft. Es hat nur einen Haken: Irgendwann kommt beim einen oder beim anderen Partner das Gefühl der Unterlegenheit hoch. Werde ich wirklich geliebt? Wer liebt wen mehr? Wer gibt wem mehr? Und so beginnt, was im Unterbewußtsein schon latent auf ein Startsignal gewartet hat: der Kampf des (männlichen) Egos gegen das Herz der Partnerin. Denn das Ich, in seiner typischen Yang-Aufgeblasenheit, fürchtet nichts mehr als die Liebe. Und so setzt in diesem Stadium der Beziehung ein meist verdeckt ausgetragener, aber gnadenloser Kampf gegen das Ich des Partners ein. Und bei diesem Kampf unterliegt immer „die Liebe", das heißt, das Herz des attackierten Partners geht kaputt. So ein Mensch stirbt zuweilen wirklich „an gebrochenem Herzen".

Beispiel: In der Nachkriegszeit heiratete eine hübsche Dolmetscherin (aus einer Provinz-Kreisstadt) einen verarmten Adeligen und wurde somit „Baronin". Als Gegenleistung bezahlte die Familie der Frau dem Herrn Baron das Studium. Die Ehe ging (nach außen hin) gut, bis der Mann sein Staatsexamen hatte. Dann ging er für einen deutschen Multi nach Südamerika – und ward nicht mehr gesehen! Die Frau, als Fremdsprachensekretärin ein As, bewarb sich daraufhin beim Auswärtigen Amt und wurde eingestellt. Es gelang ihr, nach zwei Jahren zur Botschaft in jenes Land versetzt zu werden, in das seinerzeit ihr Mann „ausgewandert" war. Doch alle Nachforschungen blieben erfolglos. Die „Frau Baronin" reagierte auf ihr verpfuschtes Dasein wie viele andere auch: zunächst fraß sie sich einen „Kummerspeck" an und erreichte die Zwei-Zentner-Marke. Leistungsmäßig wurde sie immer besser und erhielt von den Kollegen den Spitznamen „Stütze der Gesellschaft". Nach und nach stellten sich Herzbeschwerden mit Angstzuständen ein, die sich zu einer schulbuchmäßigen Angina pectoris auswuchsen. Mit 54 Jahren, 19 Jahre nach dem Scheitern ihrer Ehe, wurde sie als Frühinvalide in Pension geschickt. Sechs Monate später erlag sie in ihrer Heimatstadt einem Herzinfarkt.

Die noch aus dem Mittelalter stammende volkstümliche Weise „Amor vincit omnia", „die Liebe besiegt alles!", ist halt auch nur ein Wunschtraum...

Yang – Sieger auf tönernen Füßen

Die Tarot-Karte dieser Runde zeigt, als „Leitbild", den „Wagen". Das Bild symbolisiert den siegreichen Mann, als Feldherrn oder als Unternehmer. Er hat es, und zwar in vielfacher Hinsicht, geschafft und symbolisiert das entwickelte Ich des reifen Erwachsenen, der erfolgreich ist im Leben, der von anderen bewundert wird und mit sich zufrieden ist, der seine Gefühle kontrollieren und, was das wichtigste ist, *seinen Willen steuern kann.* Ein bestrickendes Bild Yangs als Triumphator!

Doch „ergraute Esoteriker" wissen, daß der Unterteil des Wagens eine Art getarnter Felssockel ist. Das heißt da, wo das Unterbewußtsein mit seinen Gefühlen sitzen müßte, hat dieser „Sieger" nichts aufzuweisen. Er ist de facto ein (um den Yin-Bereich) reduzierter Mensch. Ein Mensch, der mit Willen und Vernunft nach oben gekommen ist: Aber das Menschsein, das immer vom Gefühlsleben bestimmt wird, ist ihm verwehrt. Der Wagenlenker ist somit ein zutreffendes Abbild für etliche unserer „erfolgreichen" Politiker und Unternehmer. Und da diese „Erfolgreichen" unsere Gesellschaft bestimmen, symbolisiert „der Wagen" zugleich den Zustand unserer kopflastigen Wachstumsgesellschaft.

Wir wollen zur endgültigen Abklärung der Yang-Thematik zunächst eine Gegenüberstellung der beiden Bedeutungsinhalte betrachten:

Yin	*Yang*
weiblich	männlich
bewahrend	fordernd
empfänglich	aggressiv
kooperativ	wettbewerbsorientiert
intuitiv	rational
nach Synthese strebend	analytisch

Dazu bemerkt Fritjof Capra in seinem Buch „Wendezeit":

„Sieht man sich diese Liste von Gegensätzen an, erkennt man sofort, daß unsere Gesellschaft ständig das *Yang* gegenüber dem *Yin* höher bewertet hat – rationale Erkenntnis galt immer mehr als intuitive Weisheit, Wissenschaft mehr als Religion, Konkurrenz mehr als Kooperation, Ausbeutung von Naturschätzen war wichtiger als ihre Bewahrung, und so weiter. Diese Betonung des Yang, noch unterstützt durch das patriarchalische System, hat zu einem tiefgreifenden kulturellen Ungleichgewicht geführt, das seinerseits die Wurzel unserer heutigen Krise ist – mangelndes Gleichgewicht in unserem Denken und Fühlen, unseren Wertvorstellungen und und Verhaltensweisen sowie in unseren gesellschaftlichen und politischen Strukturen."

Capra vertritt die Ansicht, daß die auffallende ständige Bevorzugung von *Yang*-Werten zu einem System akademischer, politischer und wirtschaftlicher Institutionen geführt hat, die sich alle gegenseitig stützen *und völlig blind sind für das gefährliche Ungleichgewicht innerhalb ihres Wertsystems,* das ihre Handlungen motiviert. Capra bedauert - als gelernter Physiker! - den Stolz unserer Kultur auf ihre Wissenschaftlichkeit und bezeichnet unsere Zeit als das Wissenschaftliche Zeitalter. Es wird vom rationalen

Denken beherrscht; wissenschaftliche Kenntnisse gelten oft als die einzig annehmbare Art von Wissen. Daß es ein *intuitives* Wissen oder Bewußtsein geben kann, das genauso gültig und zuverlässig ist, wird nicht anerkannt.

So weit die Einstellung Fritjof Capras, der nicht nur wegen seiner Fähigkeit zum analytischen Denken weltweit Anerkennung genießt; die in seinen Schriften zutage tretende Fähigkeit zur Synopse, also die Zusammenschau von Fakten aus verschiedenen Gebieten, macht seine Bücher zu einer aufregenden Lektüre.

Ich hoffe, verehrte Leser, daß es mir in dieser 5. Runde unserer gemeinsamen Karussellfahrt gelungen ist, überzeugend darzustellen, daß die Bevorzugung des Yang-Denkens sowohl für den einzelnen wie für die Gesellschaft schädlich ist. Jeder, der erfolgreich kommunizieren will, nehme sich deshalb meine Warnung zu Herzen: *Stärke kann auch Schwäche sein*; weil die Voraussetzung und Basis jeder geglückten Kommunikation das gefühlsmäßige Flaggezeigen ist.

Formel V zur Lebenskunst: Akzeptieren Sie, daß Ihr Ego, der „Titan" in Ihrer Seelenstruktur, in der Regel stärker ist als die Liebe. Nur diese Einsicht bewahrt Sie vor Enttäuschungen und, falls Sie eine Frau sind, vor einem „gebrochenen Herzen". Und bemühen Sie sich (als Mann), die Yang-Dominanz in Ihrer Persönlichkeitsstruktur wenigstens ein Stückchen abzubauen: durch einen bewußt erstrebten Ausgleich zwischen Wille und Gefühl.

---

6. Runde:
Vernunft als Notwendigkeit

XI

KRAFT

Wir haben, verehrte Leser, uns bisher, ausgehend von Körperform und Energiehaushalt, vor allem mit jener Thematik beschäftigt, die unter den Sammelbegriff „Seele" fällt. Obwohl sich unter der Seele kein Mensch etwas Konkretes vorstellen kann, ist doch kein Zweifel darüber erlaubt, daß es sie gibt. Abgesehen davon, daß der Mensch laut Schöpfungsgeschichte aus Körper, Seele und Geist besteht, hat die Psychologie, als typische „Erfahrungswissenschaft", eine Menge Fakten zu Tage gefördert, die uns ahnen und kombinieren lassen, wie diese „Seele" möglicherweise strukturiert ist und was in ihr vor sich geht. Wobei wir uns einfacher Bilder bedient haben, um uns wenigstens in etwa vorstellen zu können, was sich in unserem Unterbewußtsein abspielt. Denn unser „messerscharfer" Verstand gibt uns keine Chance, die Aktivitäten unseres „Titanen", unseres „plärrenden Kindes" und des „Schaustellers" wenigstens erahnen zu können. Jedenfalls wurde bisher, aus didaktischen Gründen, noch nichts Näheres über den „Schausteller", das heißt über unser *Bewußtsein*, gesagt. Das wollen wir jetzt nachholen.

Wie wir aus der Tarot-Karte „Der Wagen" ersehen haben, ist der siegreiche Wagenlenker eine reduzierte Persönlichkeit, weil sein (im Unbewußten angesiedeltes) Gefühlsleben weitgehend verkümmert ist: Sein Yang ist zu übermächtig. Andererseits wäre ein Mensch, dessen Yin dominiert, als „Seelchen"-Typ nicht in der

Lage, das Leben zu meistern. Dazu bedarf es unter anderem der Fähigkeit, eine Situation zu analysieren, diese Analyse mit gespeicherten Erinnerungen zu vergleichen, eine Zukunftsvision zu entwickeln und schließlich die notwendigen Entscheidungen zu treffen. Zu einem derartigen Vorgehen ist allein unser „Schausteller" befähigt, das heißt unser Bewußtsein. Die beiden „Puppen", Kind und Titan, geben nur ihre Gefühle über die Situation dazu – zwischen Angst und Größenwahn schwankend.

Das Titanic-Syndrom

Heute erinnern sich nur noch ältere Menschen an eine seinerzeitige Weltsensation ersten Ranges: an den Untergang der „Titanic" im April 1912, nach dem Zusammenstoß mit einem Eisberg, bei dem 1563 Menschen ertranken. Der Luxusliner befand sich auf seiner Jungfernfahrt, voll beladen mit Millionären, die dieses für sie vor allem gesellschaftliche Ereignis gebührend feierten. Außerdem spielten nationale Gefühle eine wesentliche Rolle, denn die englische „Titanic" wollte auf dieser Fahrt das „Blaue Band" gewinnen: eine internationale Auszeichnung, die jeweils für die schnellste Ozeanüberquerung verliehen wurde. Die „Titanic" ist in Wirklichkeit aus zwei Gründen gesunken:

– Der Ehrgeiz, das „Blaue Band" zu gewinnen, ließ den Kapitän nach der Eisbergwarnung keine Kursänderung vornehmen;
– die Gefahr des Zusammenstoßes mit einem Eisberg wurde unterschätzt, weil die „Titanic", das modernste Schiff der Welt, als unsinkbar galt.

Rüdiger Lutz, Herausgeber des Sammelbandes „Pläne für eine menschliche Zukunft", vergleicht darin in einem eigenen Beitrag das Schicksal unserer Industriegesellschaften mit jenem der „Titanic". Er meint, unser Industrie- und Sozialsystem gleiche einem Superschiff, das einfach zu groß und zu schwer sei und ein riesiges Leck aufweise. Der Untergang sei gewiß, Pessimismus ist „in", wer sich optimistisch gibt, gilt als Traumtänzer.

Nun kategorisiert Lutz die Menschheit, das heißt die Besatzung unseres Titanic-Erdschiffes, in drei Klassen: Da sind zum einen die Untergangspropheten, verstärkt durch passive Mitläufer und hoffnungslose Zyniker. Diese Typen gehören meist zur Mittel- und Oberschicht, sehen den Gang der Dinge als äußerst beunruhigend an – tun aber auch nicht das Geringste, an der Situation etwas zu ändern.

Die zweite Gruppe besteht aus den Techno-Optimisten. Das sind jene technisch Verbildeten, die wortreich darauf verweisen, daß die Menschheit bisher alle technischen Probleme in den Griff bekommen hätte. Ihr Motto, das vor allem der Selbstberuhigung dient, heißt: „We try harder with the old tools." Zu dieser Crew gehören unter anderem jene Umwelttechniker, die immer neue Apparaturen zur Reinigung der verschmutzten Umwelt entwikkeln, anstatt die umweltverschmutzende Produktion zu unterbinden. Das Unterbinden dieser planetenzerstörenden Produktion würde aber die Profite der Industrie schmälern - dies kann man den notleidenden Multis nicht zumuten. Lieber sehen bestimmte „Umwelt-Experten" unseren „Blauen Planeten" sterben, als freiwillig auf Gewinnmargen zu verzichten. Wenn ein Super-GAU irgendwelcher Art dann das endgültige „Aus!" bringt, werden diese Herren inbrünstig „Näher zu dir, mein Gott" singen – aber bis dahin haben sie flott gelebt...

Nun gibt es noch jenen dritten, zahlenmäßig schwächsten Teil der Besatzung: das sind jene Menschen mit kühlem Kopf, die in die Rettungsboote gehen, nachdem sie die wertvollsten technischen Anlagen aus dem Superschiff ausgebaut haben: weil sie sich darüber klargeworden sind, daß die „Neue Titanic" aus den Trümmern der ersten aufgebaut werden muß – und mit Hilfe jener Menschen, die zur Zeit die Besatzung ausmachen. Spezialisten allein können bekanntlich nichts zuwege bringen – sie bedürfen dazu der Hilfsarbeiter. (Wenn Sie, verehrte Leser, im obigen Satz die Bezeichnung „Neue Titanic" durch „Ehemalige DDR" ersetzen, haben Sie genau die Situation in den neuen Bundesländern. Dieser Teilstaat muß vor allem mit jenen Menschen aufgebaut werden, die schon immer die „Besatzung" dieser „Ost-Titanic" gebildet haben!)

So weit die Grundidee des Titanic-Modells von Rüdiger Lutz, das ich „frei variiert" habe, um bei Ihnen, verehrte Leserinnen und Leser, eine bestimmte Wirkung zu erzielen – das ist ein legales Anliegen jedes Autors. Wie in der Musik: Ich leihe mir ein Thema von einem Kollegen und variiere es.

Was mir an der Parabel von Rüdiger Lutz so imponiert, ist, daß dieser Autor mit ihr beweist, daß er nicht nur intelligent ist, sondern auch das Denken gelernt hat. Die meisten Menschen haben nämlich, wie meine Tochter zu sagen pflegt, zwar ein Hirn mitbekommen – aber keine Gebrauchsanleitung dazu! Ich warne deshalb in meinen Seminaren immer davor, die Intelligenz „als solche" zu überschätzen. Viel wesentlicher ist es nämlich, wie man seine Intelligenz einsetzt: das ist eine Sache des Charakters und der Zivilcourage! Bekanntlich gibt es auch sehr intelligente Verbrecher – nicht nur Nobelpreisträger!

Balance zur Stärke

Werfen wir also wieder einen Blick auf unseren Karussellfahrer: er besitzt einen Gefühls-Unterbau und einen Intelligenz-Oberbau. Der Oberbau, Bestandteil unseres Bewußtseins, muß über folgende Fähigkeiten verfügen: Er muß „linear", d.h. logisch denken können, dafür ist die linke Gehirnhälfte zuständig. Er muß das Gedachte sprachlich formulieren können, dafür ist ebenfalls die linke Hemisphäre mit ihren beiden Sprachzentren zuständig. Er muß schließlich kreativ sein und Ideen entwickeln können, dafür ist die rechte Hemisphäre zuständig. Und er muß seine Erfahrungen gedächtnismäßig speichern können; das weiß indessen noch kein Wissenschaftler, wie dieses Speichern vor sich geht. Neuerdings ist der Verdacht aufgetaucht, daß im Gehirn überhaupt nichts gespeichert wird. Sondern daß das Wissen aller Art in Form von „morphogenetischen Feldern" durch das Universum schwebt und im Bedarfsfall von jedem einzelnen Menschenhirn abgerufen werden kann.

Nun ist jeder Mensch, der sich für intelligent und gebildet hält, von folgendem Dilemma betroffen: Einerseits soll er „vernunftgemäß agieren, das heißt, er soll seine Intelligenz gebrauchen, um anstehende Probleme zu bewältigen. Und er soll dabei, wie unsere Naturwissenschaftler fordern, *ja keine Gefühle ins Spiel bringen!* Andererseits weiß jeder halbwegs gebildete Zeitgenosse, daß Gefühle in jeder Sekunde unseres Lebens entstehen, aus dem kleinen Becken nach oben steigen *und über das limbische System das Großhirn „verseuchen".* Das bedeutet: Das Entstehen von Gefühlen kann nicht verhindert werden! Die Frage ist nur, ob ich die hochgekommenen Gefühle auslebe oder sie unterdrücke!

Kehren wir nunmehr zu unserem fiktiven „Schausteller" zurück: Ihm obliegt die undankbare Aufgabe, zu entscheiden, wann er mit wieviel Intelligenz oder mit wieviel Gefühl bzw. mit einer optimalen Mischung aus beiden die Alltagsprobleme bewältigen soll. Dabei ist er in der Tat oft überfordert. Und nachdem er sich etliche Male in der Herstellung der richtigen Mischung Verstand/Gefühl geirrt hat, kommt Angst auf. Nämlich die latente Angst, irgendwann wieder irgend etwas falsch zu machen. Wie hieß doch ein berühmter Faßbinder-Film? „Angst essen Seele auf." Genau dies passiert vielen „Schaustellern". Das bedeutet, daß deren Körperkleid dem Dauerstreß nicht mehr standhalten kann und *der Körper sich in die Krankheit flüchtet.* Ich habe schon zu Beginn angemerkt,daß in den seelischen „Blaupausen" Krankheiten nicht vorgesehen seien. Mit anderen Worten: *Krankheiten sind stets Manifestationen einer irritierten Psyche.*

So weiß jeder Psychotherapeut auf Grund seiner Erfahrungen in der Praxis, daß beispielsweise

– gerne Infektionen auftreten, wenn der Patient Konflikten ausweicht;
– Allergien auftreten, wenn ein Patient lebensfeindlich eingestellt ist und alles abwehrt, was mit Sexualität, Liebe und Schmutz zu tun hat;
– Erkrankungen der Atemwege eine Kontaktscheu signalisieren;
– der Asthmatiker Liebe empfangen, aber keine abgeben will;
– Patienten mit Magen- und Verdauungsbeschwerden Konfliktsituationen nicht „schlucken" wollen und sich unbewußt nach einem konfliktfreien Kindheitsparadies zurücksehnen;

- eine Lebererkrankung die körperliche Reaktion auf die Maßlosigkeits- und Größenphantasien des Patienten ist und ihn auffordert, von dem Zuviel zu lassen;
- die Magersucht (anorexia nervosa) eine nur bei Frauen auftretende psychosomatische Erkrankung ist, die eine ganz klare seelische Ursache hat: Man möchte der Sexualität und der Triebhaftigkeit entfliehen und keine Frau sein. (20 Prozent aller Patientinnen sterben noch an Magersucht!)

Diese und andere psychosomatische Wechselwirkungen findet der interessierte Leser in drei hochinteressanten Büchern beschrieben – und zwar für Laien verständlich!

1. Thorwald Dethlefsen/Rüdiger Dahlke: Krankheit als Weg. Deutung und Bedeutung der Krankheitsbilder. Bertelsmann 1983
2. Paul-Heinz Koesters: Wenn die Seele krank macht. Die psychosomatische Medizin und ihre Heilungsmethoden. STERN-Buch 1990
3. Kurt Tepperwein: Was Dir Deine Krankheit sagen will. Die Sprache der Symptome. Moderne Verlagsgesellschaft 1991

Die Yang-dominierten Schulmediziner lehnen psychosomatische Therapien ab, weil

- sie keine Ahnung von Psychologie haben, die kein Prüfungsfach zum Staatsexamen ist;
- weil die Erforschung der möglichen psychischen Ursachen einesKrankheitsbildes in der Sprechstunde sehr zeitaufwendig ist und von den Kassen nicht adäquat honoriert wird;
- sich der Allgemeinmediziner scheut, sich mit den Problemen seiner Patienten zu belasten – davon wird er nämlich immer selbst betroffen, sein „Schatten" meldet sich!

Sollten Sie also, verehrte Leserin und verehrter Leser, zur Zeit von einer sich bereits länger hinziehenden Erkrankung betroffen sein, so gehen Sie einmal in sich, und überlegen Sie bitte, *vor welcher Art von Konflikten sie möglicherweise in die Krankheit geflüchtet sind?* Ist Ihre Ehe nicht in Ordnung? Haben Sie Probleme mit Ihrer Sexualität? Läuft Ihre Karriere nicht wie geplant? Denn eines steht fest: So lange Sie Ihre psychischen Probleme nicht bewältigt haben, wird auch Ihr körperlicher Befund nicht besser werden!

Im übrigen empfehle ich Ihnen selbstverständlich nicht, die Behandlung bei Ihrem Hausarzt abzubrechen!

Unser Tarot-Bild „Kraft" symbolisiert, daß jedem von uns aus seinem Inneren eine „unbändige" Kraft zuwachsen kann, wenn es ihm gelingt, *einen Ausgleich zu schaffen: zwischen Ober- und Unterbewußtsein und zwischen Yin und Yang!* Und dies, verehrte Leser, kann man üben! Und auf dem Wege der „Verhaltenstherapie", mittels Autosuggestion, eine Balance zwischen den genannten vier Größen erreichen.

Aus dem Gesagten ergibt sich unser nächster Hinweis für künftige Lebenskünstler:

Formel VI für Lebenskunst: Überschätzen Sie Ihre Intelligenz nicht und bemühen Sie sich um eine Balance zwischen der linken und rechten Gehirnhälfte. Die rechte Hemisphäre ist der Sitz der Kreativität; auf sie sind Sie angewiesen, wenn Sie Lösungen für Probleme suchen. Die linke Hemisphäre arbeitet dann an der Realisierung der neuen Idee, ist also hauptsächlich „ausführendes Organ". Und rufen Sie sich ab und zu ins Gedächtnis zurück: Konflikte entstehen vorwiegend dann, wenn versucht wird, zwischenmenschliche Probleme nur „linkshirnig" zu bewältigen, ohne Einbeziehung der Gefühlshemisphäre. Im Klartext: Unbewältigte Konflikte machen krank. Also fragen Sie sich, wenn Sie krank geworden oder durch einen Unfall aufs Lager geworfen worden sind: Vor welchem ungelösten zwischenmenschlichen Problem sind Sie in die Krankheit (oder in einen Unfall) geflüchtet?

---

7. Runde:
Denn das ist meine Welt

SCHWERT PRINZ

Schlager sind zuweilen in der Lage, wesentliche Ereignisse im Leben eines (oder zweier) Menschen durch die scheinbare Leichtigkeit ihres Vortrages transparent zu machen. So kennen bereits Generationen den Welthit, der von Marlene Dietrich im „Blauen Engel" kreiert worden ist: „Ich bin von Kopf bis Fuß auf Liebe eingestellt ..." – wobei die Fortsetzung des Textes das Leitmotiv dieser Dame „glasklar" offenlegt: *„... denn das ist meine Welt, und sonst gar nichts!"* Mit anderen Worten: Das in Heinrich Manns Roman dargestellte Mädchen aus dem Volk, Rosa Fröhlich, hat nur *ein* Interesse: Männer kennenzulernen, sich mit ihnen zu amüsieren und von ihnen zu leben. Und in ihrem Unterbewußtsein schlummert der Wunsch, wie bei so vielen dieser „Barfußtänzerinnen", in einer bürgerlichen Ehe Sicherheit und Geborgenheit zu finden. Das also ist die Welt der Rosa Fröhlich. *Was aber, verehrte Leserinnen und Leser, ist Ihre Welt?* Dieser Frage werden wir jetzt nähertreten.

Die Dialektik der Kommunikation

Über Kommunikation wird viel geredet und geschrieben, wobei die meisten Autoren und Trainer auf Paul Watzlawicks fünf „Pragmatische Axiome" zurückgreifen. Das bedeutet indessen, daß Kommunikation stets als ein starres „Sender-Empfänger-Ritual" gehandhabt wird, mit dem Aussenden einer Botschaft und der Hereinnahme eines Feedbacks – im günstigsten Falle. Zweck dieses Spielchens ist es, daß der „Sender" mit seiner Botschaft den „Empfänger" zu irgend etwas überredet, was man in unserer heuchlerischen Gesellschaft als „Motivation" bezeichnet. Es findet indessen eine weitere, weitgehend unbemerkte Aktion statt, *die den Sender im Sinne einer Autosuggestion beeinflußt und steuert.* Um die Tragweite dieses Vorganges zu erfassen, müssen wir uns zunächst ein bißchen über „Hypnose" unterhalten.

„Hypnose" bedeutet, daß der Hypnotiseur unter Umgehung des kritischen Zensors im Oberbewußtsein eine Botschaft direkt in das Unterbewußtsein transportiert. Diesen direkten Kontakt Hypnotiseur-Unterbewußtsein nennt man in der Fachsprache „Rapport". Nach diesem Verfahren arbeitet beispielsweise die Werbung. Wenn ein und derselbe Spot tagtäglich wiederholt wird, langweilt sich irgendwann das Oberbewußtsein, weil es den „Schmarrn" schon kennt – und schaltet ab. Jetzt kann die Werbebotschaft unzensiert ins Unterbewußtsein „absinken". Dort angekommen manipuliert sie den Empfänger der Botschaft, daß er das tut, was er tun soll. Diese Art von Hypnose bleibt nur dann wirkungslos, wenn der Empfänger der Botschaft auf diesem speziellen Sektor schon festgelegt ist. Beispiel: Wenn ein Mensch seit Jahren „Dunhill"-Zigaretten raucht, weil „Dunhill" (angeblich) eine von der „Weltelite" bevorzugte Marke ist, kann diesen Raucher auch die aufwendigste „Cowboy-Freiheits-Werbung" nicht dazu bringen, auf „Marlboro" umzusteigen. In der Werbung spielt sich das gleiche ab wie bei einer Bundestagswahl: Eine Partei kann nur „Wechselwähler" zu sich herüberziehen. Die „Stammwähler" bleiben in der Regel „ihrer" Partei treu. (Es sei denn, der bisherige „Marktführer" schießt so viele Eigentore, daß es einen „Erdrutsch" gibt. Wir dürfen auch in dieser Hinsicht zur Zeit ein „Lehrstück" beobachten.)

Halten wir also fest: Wenn eine Botschaft ins Unterbewußtsein gelangt ist, setzt sie sich meistens durch. Die Erfolgsquote steigt mit der Häufigkeit der Botschaftsemission durch den Sender. Beispiel: Wenn in einer Familie den Kindern über Jahre hinaus gesagt wird, die Sexualität sei etwas „Schmutziges", „Sündiges" und „Gesundheitsschädliches", dann bekommen diese Kinder einen Antisex-Block ins Unterbewußtsein gesetzt, der sie Zeit ihres Lebens daran hindert, ein vergnügliches Sexleben zu führen.

Nun spielt es im Prinzip keine Rolle, ob eine Botschaft per Fremd- oder Selbsthypnose ins Unterbewußtsein befördert wird. So hat die von manchen amerikanischen „Erfolgsschulen" empfohlene Devise „Denke positiv!" *immer* Erfolg, wenn sie täglich praktiziert wird. Am wirksamsten ist es, wenn man sich jeden Morgen nach dem Aufstehen dicht vor einen Spiegel stellt, sich selbst in die Augen schaut und dabei einige Male (beispielsweise) mit Überzeugung sagt: „Ich akzeptiere mich und bin erfolgreich!"

Ich höre schon wieder einige Yang-gesteuerte und naturwissenschaftlich verbildete Leser in ein Homerisches Gelächter ausbrechen. Diese Reaktion wäre nur ein Zeichen Ihrer Borniertheit, verehrte Betroffene, weil Sie (wieder einmal) eine Sache verurteilen würden, über die Sie nichts wissen. Warum probieren Sie diese Methode nicht einfach aus? Genieren Sie sich etwa, sich vor den Spiegel zu stellen und sich selbst eine positive Botschaft zuzusprechen? Es sieht Sie doch niemand! Und es spielt überhaupt keine Rolle, daß Sie „an diesen Unsinn nicht glauben". *Wenn Sie diese Methode konstant anwenden, wirkt sie immer!* Das hat Emile Coué – unter dem Hohngelächter der „Medizin-Koryphäen" – schon vor hundert Jahren festgestellt; *und er hat recht behalten!*

Kehren wir zur „normalen Fremd-Hypnose" zurück. Zum Beispiel zu dem, was an der Werbung gefährlich ist: Millionen Menschen werden Tag für Tag manipuliert, weil sie sich gegen den Einfluß bestimmter Produktempfehlungen nicht wehren können! Überlegen Sie doch bitte einen Moment: Welches Waschmittel, welche Seife und welche Rasierseife benützen Sie? Welche Zahnpaste, welche Hautcreme und welches Deodorant? Welchen Kaffee trinken Sie, welche Nudeln essen Sie und welche Fertigsaucen bevorzugen Sie? Und jetzt folgt die „Gretchenfrage": *Warum konsumieren Sie diese Erzeugnisse?* Weil Sie Ihnen durch die Werbung „nahegebracht" worden sind!

Jede Aussage ist eine Einsage

Wir wollen jetzt, gemeinsam, die Konsequenz aus dem bisher Erläuterten ziehen: *Alles, was ich ausspreche (oder auch nur denke!), kann im Sinne einer Selbsthypnose auf mich einwirken!* Und das tut es meistens auch! Hier können wir zwei Arten von Wirkungen unterscheiden:

- Die Wirkung einer ganz bestimmten Sentenz, die ich (unbewußt) oft wiederhole. So kannte ich einmal einen Geschäftsmann, der immer, wenn er eine neue Aktion startete, sagte: „Na ja, wird schon schiefgehen!" Er war der typische Negativdenker - nur war ihm das selbst noch nie aufgefallen. Viele seiner Aktionen erwiesen sich als Flop.
  Anmerkung zur Ergänzung der Hypnosewirkung: Das Unterbewußtsein hat keinerlei Kriterien, um festzustellen, ob eine dort eingetroffene Botschaft „richtig" oder „falsch", „gut" oder „böse" ist. Was an „Text" angekommen ist, wird für bare Münze genommen und in die Tat umgesetzt!
- Und schließlich gibt es eine Wirkung, die den Zweck hat, *mich selbst zu überzeugen.* Wenn ich beispielsweise als Vertriebsmann einem Kunden eine (für meine Firma) neue Dienstleistung anbiete, so bin ich oft tief innerlich noch nicht ganz sicher, ob diese Dienstleistung wirklich hält, was ich dem Kunden verspreche. Dieser Zustand ist meist die Folge einer zu kurzen und „lieblosen" Einschulung des Außendienstes. Wenn ich jetzt das erste Gespräch „an der Front" erfolgreich hinter mich gebracht habe, *habe ich zugleich durch das Gespräch mein „Ich" zusätzlich „positiv aktiviert".* Und wenn ich zehn solcher Gespräche geführt habe, auch wenn sie nicht immer zum Abschluß führen, bin ich innerlich felsenfest davon überzeugt, daß die von mir angebotene Dienstleistung „rundum gut" ist.

Ein weiteres *Beispiel* aus dem Privatsektor: Ein Praktischer Arzt ermahnte seinen 17jährigen Sohn ab und zu, das Abitur wegen des Numerus clausus mit Note 1,2 zu machen, damit er Medizin studieren und einmal die gut gehende Praxis übernehmen könne. Eines Tages, beim gemeinsamen Sonntagsfrühstück, eröffnete der

Filius seinem konsternierten Vater, daß er das Gymnasium verlassen werde; sein sehnlicher Berufswunsch sei es, ein international erfolgreicher Modefotograf zu werden!

Die Gespräche, die in den folgenden Wochen immer wieder zwischen Vater und Sohn stattfanden, waren unerfreulich. Wobei sich die wesentlichen Aussagen der beiden wie folgt polarisierten: Der *Vater* meinte, der Sohn solle doch froh sein, wenn er eine so gut gehende Praxis übernehmen und sich quasi in ein „gemachtes Bett" legen könne. Der *Sohn* entgegnete, daß er seinen Vater für einen Egoisten hielte, der letztlich nur daran interessiert sei, sein „Lebenswerk" durch den Sohn fortführen zu lassen. Was er als Sohn für Bedürfnisse habe, interessiere den „Herrn Vater" nicht. Im übrigen halte er, der Sohn, eine künstlerische Betätigung für viel wertvoller, als als „typischer Kassenarzt" täglich eine Mindestzahl von Patienten durch sein Sprechzimmer zu „schleusen" und sie mit den Produkten der Pharmazie zu „vergiften".

Nach dem letzten dieser Gespräche fuhr der Arzt mit seiner Frau in den längst geplanten Urlaub, irgendwo an der türkischen Küste. Dort hatte er zwei Wochen Zeit, einen erneuten Versuch zu machen, seine Schuppenflechte auszuheilen, das Problem Vater-Sohn zu überdenken und es mit seiner Frau zu diskutieren, die auf seiten des Sohnes stand. Und bei so einem Gespräch entfuhr ihm die Bemerkung: *„Ich habe schließlich auch nicht den Beruf ergreifen dürfen, den ich wollte!"*

Damit war der Knoten auf. Dieser Arzt war ebenfalls Sohn eines Arztes, und zwar eines Arztes, der im Dritten Reich „ethisch überfordert" worden war, wie das in der Familie nach dem Krieg formuliert wurde. Dieser „Belastete" wollte, daß sein Sohn gewissermaßen eine moralische „Wiedergutmachung" betreiben und *so* ein Arzt werden sollte, wie er, der Vater, es unter „normalen" Umständen geworden wäre. Und so zwang er den charakterlich weichen Sohn, der hervorragend Cello spielte und Musiker werden wollte, Medizin zu studieren. Bei diesem Stand der Selbstbetrachtung gestand sich der Arzt auch ein, daß er seinen Beruf vor allem aus Pflichtgefühl ausübte – aus einem Pflichtgefühl heraus, das ihm von seinem „strammen" Nazi-Vater gnadenlos „einprogrammiert" worden war.

Bei diesem inneren Befund beschloß der Arzt, seinen Sohn beruflich machen zu lassen, was er wollte. Er fühlte sich plötzlich wie aus einem Gefängnis befreit und feierte diese Entscheidung mit seiner Frau bei einer Flasche Sekt. Als er am nächsten Morgen erwachte, stellte er fest, daß sein Ausschlag verschwunden war, der während des Studiums zum Vorschein gekommen und jahrzehntelang therapieresistent gewesen war.

Wir halten also fest: *Jede Aussage ist eine Einsage.* Das heißt, der Sprecher sagt, während er zu einem anderen spricht, zugleich etwas „hinein" in sein Unterbewußtsein. (Das „Unterbewußtsein" ist wahrscheinlich in der rechten Gehirnhälfte lokalisiert.) *Durch dieses „Hineinsagen", das als Autosuggestion wirkt, werden Einstellungsänderungen verursacht.* Meistens ändert sich zunächst das Selbst-Bild, dem dann eine Verhaltensänderung folgt.

In Deutschland hat, meines Wissens, nur Oswald Neuberger, Psychologe und Professor für Organisationspsychologie an der Uni Augsburg, das Thema „Im Reden verzaubern wir uns selbst", anhand ausländischer Vorarbeiten, weitergeführt und publiziert: z.B. in dem Sammelband „Wir Selbstdarsteller" der PSYCHOLOGIE HEUTE-Redaktion (bei Beltz). Aus den Erkenntnissen Neubergers fasse ich einige Statements zusammen, die mir deshalb wesentlich erscheinen, weil sie sich mit meinen Erfahrungen decken:

- Jede Aussage ist eine Einsage.
- „Gut" über sich denken oder reden („Think positive!") stellt die Wirklichkeit her, die vorher nur Wunsch oder Prophezeiung war.
- ...denn das Wort ist die Tat: Wenn es ausgesprochen wird, verändert es vielleicht nicht die Welt, aber den Sprecher.
- Im Reden machen wir uns selbst. Deshalb ist Reden die Voraussetzung von Selbstverwirklichung.
- Die Kommunikation ist ein Spiegel, der wie der Spiegel in Märchen und Mythen zwei Gesichter hat: Es gibt den „wissenden Spiegel" (der die Wahrheit sagt) und den „wirkenden Spiegel" (der das Unheil abwendet).

Ich gebe aus meinen persönlichen Erfahrungen mit dieser Thematik folgendes wahre Geschehen zum besten: Meine Großmutter hatte mit 30 Jahren Typhus und war seitdem taub. Sie ging immer sehr leichtsinnig über die Straße. Oft ging sie mit ihrem Manne zusammen spazieren oder einkaufen. Bei diesen Gängen (in der Großstadt München) sagte mein Großvater immer wieder in rügendem Tone zu seiner Frau: „Du wirst noch einmal überfahren!" Im 66. Lebensjahr ist mein Großvater, ein kerngesunder Mensch mit einem herrlichen Haupthaar und nicht einer einzigen Plombe in den Zähnen, von einem Auto überfahren worden und starb im Krankenhaus. Die Großmutter hat ihren Mann noch um 20 Jahre überlebt... Wir alle waren damals, in der Großfamilie, felsenfest davon überzeugt, daß der Großvater, per Selbsthypnose, sein Überfahren-Werden herbeigeführt hatte. „Du wirst noch einmal überfahren!" hatte er ständig zu seinem Unterbewußtsein gesagt. Und dies hat eines Tages diese „Empfehlung" herbeigeführt.

Ich beende die obige Auswahl von Gedanken Neubergers mit einigen Sätzen aus den Schlußbemerkungen seines Buchbeitrages:

„Jeder verbringt einen großen Teil des Lebens vor dem Spiegel. Er zeigt uns, wer wir sind. Das Bild, das uns zurückgeworfen wird, akzeptieren wir nicht immer. Genauso wie das nichtgelungene Foto zerrissen wird, wird in den Spiegel grimassiert, um sich so zu sehen, wie man sich haben will. *Autokommunikation stellt das Original her, das wir im Spiegelbild lieben wollen.* Die Selbstverzauberung entschädigt für die Entzauberung der Welt, ein Projekt, bei dem wir – selbstredend – Zauberlehrlinge geblieben sind."

Die Parade der Anti-Schatten

Ich erweitere die Feststellung Neubergers „Jeder verbringt einen großen Teil des Lebens vor dem Spiegel" um folgende Variante: *Jeder ist gezwungen, Tag für Tag in jenen Spiegel zu schauen, der ihm in Form seiner Mitmenschen vorgehalten wird.* Um die Verifizierung dieser Behauptung geht es im folgenden Abschnitt.

Wir haben bereits während unserer 4. gemeinsamen Karussellrunde über unseren Schatten gesprochen: das sind die verdrängten und damit nicht ausgelebten Anteile unseres Unterbewußtseins. Es ist indessen die Aufgabe unseres Lebens (in der gegenwärtigen Inkarnation), so viel wie möglich von diesem Schatten aufzuhellen, um (irgendwann) ein „vollkommener Mensch" zu werden.

Der westliche Sufimeister Sir Richard Burton hat diese Aufgabe so formuliert: „Selbstentfaltung, unter Rücksichtnahme auf andere, ist der alleinige und ausreichende Zweck des menschlichen Lebens." Daraus können wir für unser Vorhaben, Lebenskünstler zu werden, folgende notwendigen Aktivitäten ableiten:

- Wir sollten uns täglich mehrmals vergegenwärtigen, daß alle Menschen, mit denen wir zu tun haben, vor allem *eine* Aufgabe haben: uns als Spiegel zu dienen, mit dessen Hilfe wir etwas über unseren Schatten erfahren können (nicht müssen!).

- Wir sollten uns weiterhin ab und zu darüber Rechenschaft ablegen, daß alle Gespräche, die wir führen, im Sinne einer Autosuggestion auf uns selbst einwirken und dadurch eine Änderung unserer bisherigen Einstellung bewirken können.

- Wir sollten eine Bilanz ziehen, mit was für Personen wir zur Zeitin ständiger Kommunikation leben: Ehepartner, Kinder, Geschäftspartner, Kunden, Sportsfreunde, Künstler usw. Welchen Einfluß haben diese Menschen möglicherweise auf unsere Tiefenpersönlichkeit – ohne daß wir dies schon einmal in Erwägung gezogen haben?

- Mit welchen dieser Personen haben wir immer wieder Auseinandersetzungen, weil sie sich in „grundsätzlichen" Dingen von uns unterscheiden (Glaube, Wertsystem, Politik)?

- Mit welchen Personen haben wir in den vergangenen zehn Jahren solche Auseinandersetzungen gehabt, daß sich als Folge daraus eine Änderung unseres Verhaltens *zwangsläufig* ergeben hat?

- Wenn uns in der Vergangenheit Menschen geschadet haben - was könnte ihr *wirkliches* Motiv gewesen sein? Waren sie vielleicht nur so etwas wie ein „Arm des Schicksals", der uns einen „wissenden" Spiegel vorgehalten hat?

- Wen habe ich in den letzten Jahren („bis aufs Messer") bekämpft? Was für eine Art spezieller Anti-Schatten könnte der Urheber meines Hasses sein?

- Gibt es eine Person, die ich so hasse, daß ich sie liebend gerne umbringen würde? Wenn ja – warum wohl *wirklich*? (Goethe zu Eckermann: „Ich habe noch nie von einem Verbrechen gehört, das ich nicht selbst begangen haben könnte.")
- Tauchen in meiner „schmutzigen" Phantasie zuweilen „perverse" sexuelle Praktiken auf?
- Wen aus meinem gegenwärtigen Bekanntenkreis kann ich nicht ausstehen, weil er allgemein als „Wüstling" gilt? Oder beneide ich ihn etwa um sein „wüstes" Treiben? (Hand aufs Herz!)

Vergessen Sie bitte nicht, verehrte Leser, daß es gar keinen anderen Weg gibt, etwas über ihren seelischen Unterbau zu erfahren, als über Ihre Mitmenschen (oder einen guten Therapeuten). Wer von Ihnen möglicherweise schon einmal ein „Sensitivity-Training" mitgemacht hat und auf dem „Feuerstuhl" gesessen ist: eine Übung, bei der alle Gruppenteilnehmer dem Opfer auf dem Stuhl ihre wahre Meinung über ihn sagen, und er darf nicht ein Wort entgegnen – der weiß, welch ein erschütterndes Erlebnis diese Übung ist.

Als ich sie, vor knapp 20 Jahren, hinter mir hatte, da fragte ich mich entsetzt und bis ins Innerste getroffen: *Wieso sehen mich die anderen so? So bin ich doch gar nicht?* Natürlich habe ich, letztlich, als Folge dieses Seminars Schattenanteile in mir akzeptiert und in einigen Punkten mein Verhalten modifiziert („geändert" wäre zu viel gesagt).

Nun gibt es, außer meinen Mitmenschen, auch andere „Medien", die Teile meines Schattens tangieren: Bücher, Filme, Theatervorstellungen, TV-Spiele und so weiter. Wir können also feststellen: *Alles,* was von außen auf mich einwirkt, kann eine „Spiegelfunktion" haben und mich dadurch ein Stückchen weiterbringen.

Die Tarot-Karte „Prinz der Schwerter" kann, wie so oft im Tarot, zweifach interpretiert werden: Zum einen symbolisiert sie den Zustand des Fragenden, als eines Menschen, der stürmisch an die Bewältigung einer Aufgabe geht. Wobei er stets Gefahr läuft, daß er etwas übers Ziel hinausschießt, da er halt noch ein sehr junger Prinz ist.

Zum anderen kann diese Karte signalisieren, daß irgend jemand aus der Umgebung des Fragenden auf ihn losgeht, in der Absicht, ihn mit seinem scharfen *geistigen* Schwert zu attackieren. In diesem Falle könnte man interpretieren, daß der Angriff einem bestimmten Schattenanteil im Fragenden gilt.

Welche dieser beiden Interpretationsmöglichkeiten zutrifft, ergibt sich aus dem Kontext der gelegten Karten-Figur.

Aus dem besprochenen Inhalt der 7. Runde kann man also ableiten:

Formel VII für Lebenskunst: Da „Selbstentfaltung" der alleinige und ausreichende Zweck des menschlichen Daseins ist, ergibt sich daraus die „Lebensaufgabe Nr.1": Hellen Sie Ihren Schatten auf! Die wertvollste Hilfe dazu bieten Ihnen Ihre Mitmenschen, die Ihnen einen Spiegel vorhalten. Also: Benützen Sie diese Hilfe zur Selbstreflektion dankbar und weisen Sie Ihre diversen „Spiegelträger" nicht ab. Und halten Sie sich künftig immer wieder einmal vor Augen: Sie sprechen nicht nur zu anderen, sondern immer auch zu sich selbst!

8. Runde:
Die Polarität von Bindungen

Nachdem wir während der 7. Runde erkennen und akzeptieren mußten, daß unsere Umwelt eine Spiegelfunktion für uns hat, steht uns in der 8. Runde eine weitere „bittere" Einsicht bevor: wir werden nicht nur von unserem Schatten manipuliert, sondern sind außerdem gezwungen, das Leben im Rahmen einer Unmenge gesellschaftlicher und partnerschaftlicher *Bindungen* zu verbringen. Was wir ziemlich unbedacht als unsere „individuelle Freiheit betrachten, erweist sich bei näheren Hinschauen eher als ein Zwangssystem mit Freiheitsverbrämung.

Vom Wert oder Unwert gesellschaftlicher Erziehung

Einer der anerkanntesten Physiologen der Welt, Moshé Feldenkrais, führte in seinem Buch „Der aufrechte Gang" (1968) in der ihm eigenen lapidaren Sprache über die Erziehung des einzelnen durch die Gesellschaft unter anderem aus:

„Erziehung formt jeden von uns zum Glied einer bestimmten menschlichen Gesellschaft und möchte uns Glieder einander möglichst anähneln: die Gesellschaft diktiert uns die Art unserer Kleidung und gleicht uns dadurch im Aussehen einander an; sie bringt uns eine Sprache bei, und das macht, daß wir uns ausdrücken wie jedermann, der auch nicht unseresgleichen ist; sie pflanzt uns Maßstäbe, Wertungen, Verhaltensschemata ein und besorgt dadurch, daß auch unsere Selbsterziehung in der von ihr gewünschten Richtung geschehe, ja daß wir selber sogar wünschen, so zu werden, wie jedermann scheint. *Die moralischen Wertungen, die sie uns einflößt, sind die Uniform des Gehorsams*, in der die individuellen Unterschiede auch der Selbsterziehung zu verschwimmen mindestens beginnen."

Feldenkrais vertritt im übrigen die Ansicht, daß vielen die Gesellschaft wichtiger sei als die einzelnen Menschen, aus denen sie besteht. In den meisten fortgeschrittenen Ländern ist man bemüht, die Gesellschaft zu verbessern, und die Unterschiede liegen nur in den Methoden, deren man sich zu diesem Zwecke bedient. Es scheint, daß die Führer allgemein übereinstimmen, daß vor allem die gesellschaftlichen Prozesse der Arbeit, der Produktion und der Schaffung gleicher Möglichkeiten für alle zu verbessern, zu vervollkommnen seien. Jede Gesellschaft sorgt dafür, daß die Erziehung ihres Nachwuchses und das Wissen, das er sich erwirbt, in ihm Eigenschaften entwickelt, welche zu einer Gesellschaft führen, *die so uniform als möglich ist und die ohne große Störungen funktionieren kann.* Diese Tendenz war auch die Basis des (westdeutschen) Bildungswesens seit Kriegsende. Der Erfolg dieser Erziehung zur Uniformität ist in der Tat beachtlich.

Aber wenden wir uns einmal dem Menschen zu als dem einzelnen der Teile, aus denen eine Gesellschaft sich zusammensetzt. So gesehen, ist eine Gesellschaft nicht einfach die Summe der Leute, aus denen sie besteht; und sie bekommt, vom Standpunkt des einzelnen aus, einen ganz anderen Sinn. Ihm ist sie zunächst einmal das Feld, auf dem er vorwärtskommen, „sich bewähren" muß, um als ein wertvolles – und das heißt für ihn: nützliches – Mitglied aufgenommen zu werden; *denn er selbst mißt seinen Wert nach seiner Stellung in der Gesellschaft.* Sie bedeutet ihm ferner das Feld, auf dem er nach seiner Eigenart handeln kann; denn es ist wichtig für ihn, daß er Gelegenheit habe, sich nach seinen Neigungen zu entwickeln; *und daß er sich ausdrücken könne als der, der er ist.*

Erziehung, wie die Gesellschaft sie bietet, wirkt nach zwei Richtungen gleichzeitig: Durch Strafen und Entzug ihrer Unterstützung unterdrückt sie jede Neigung, die nicht „zur Regel" gehört, und versieht gleichzeitig den einzelnen mit Wertungen, die ihn zwingen werden, spontane Bedürfnisse und Wünsche zu überwinden und von sich zu tun. *Infolgedessen leben die meisten erwachsenen Menschen (als „Konformisten") hinter einer Maske.* Diese Maske ist das Gesicht, das einer vor anderen haben möchte wie vor sich selbst. Auf daß sie die organische Eigenart des einzelnen nicht verraten, werden eigene Zielsetzungen und spontane Bedürfnisse und Wünsche einer scharfen inneren Kritik unterworfen. Solche Zielsetzungen und Wünsche erzeugen Gewissensbisse und Angst, und darum bemüht sich der einzelne, das Bedürfnis zu unterdrücken, das die persönlichen Wünsche verwirklichen möchte. Die Kompensation, die ihm „sein" Leben trotz dieser Opfer lebbar macht, ist *die Anerkennung, welche ihm die Gesellschaft je nach seiner Stellung in ihr und nach seinen Leistungen zollt.* Davon hängt sein Selbstwertgefühl ab! Der Hunger, von seinen Mitmenschen immer wieder bestätigt zu werden, ist so groß, daß die meisten ein - aber nicht *ihr* – ganzes Leben damit zubringen, ihre Masken zu verstärken. *Nur Erfolg hat Erfolg*; und der einzelne braucht Erfolg um Erfolg, um auf diesem Wege überhaupt durchhalten zu können. Und nun kommt noch einmal Feldenkrais zu Wort:

„Die Befriedigung aus solchen erfolgreichen Handlungen ist äußerlich, regt nicht an und belebt nicht, sondern bleibt *eine Medaille auf der Hand des Hinkenden*, der einzig ihretwegen sich für einen Meister unter Läufern hält."

Feldenkrais strebte an, daß der Mensch, Gegenstand und Opfer einer repressiven Erziehung, seiner selbst und auch seines eigenen Leibes und dessen Funktionen inne werde. Feldenkrais bediente sich, um das zu erläutern, eines Gleichnisses aus Tibet: Der Mensch, der seiner selbst nicht inne ist, gleicht einem Wagen, dessen Fahrgäste die Begierden, dessen Pferde die Muskeln sind, während der Wagen das Skelett ist. Das Innesein ist der schlafende Kutscher. *Nur wenn der Kutscher wach ist, kann er die Pferde und damit den Wagen so lenken, daß die Fahrgäste ans Ziel kommen.* Dieses „Wachwerden" suchte Feldenkrais durch ein Spezialtraining zu erreichen, das als „Feldenkrais-Methode" weltberühmt geworden ist.

Nun, was bedeutet das alles für unsere Entwicklung während der achten Karusselrunde? Es bedeutet, wenn wir diese Erziehung einmal von einem anderen Standpunkt aus betrachten, unter anderem, daß durch sie *eine starke Bindung an jenes Land erzeugt wird*, in dem „unsere" Gesellschaft angesiedelt ist: an unser „Vaterland".

Dulce et decorum est

„Süß und ehrenvoll ist es, für das Vaterland zu sterben." Diesen Vers des römischen Dichters Horaz haben alle Lateinschüler gelernt, und er ist immer gerne von staatlichen Stellen zitiert worden. So war es nur logisch, daß auch in den letzten beiden Weltkriegen junge Deutsche, die national erzogen worden waren, freudig als Kriegsfreiwillige ins Feld gezogen sind. (Ich bin auch dabeigewesen.) Was nichts anderes bedeutet, als daß zwischen diesen jungen Menschen und ihrem Vaterland eine sehr starke emotionale Bindung bestanden hat.

Eine weitere, und zwar *unlösbare* Bindung, ergibt sich durch die *Sprache*. Davon können alle Emigranten ein Lied singen. Besonders wer der gebildeten Schicht angehört und sich dann in einer fremden Sprache nicht fließend ausdrücken kann, obwohl er auf diese Sprache angewiesen ist – das ist zum wahnsinnig werden!

Und schließlich gibt es eine ganze Reihe weiterer Usancen, durch die man an die Heimat und ihre Gesellschaft gebunden wird: die Art, wie Weihnachten gefeiert wird; die Märchen, die einem in der Kindheit erzählt worden sind; die Kinderlieder, von „Hänschen klein" bis zur „Vogelhochzeit"; und, last not least, die Erinnerung an Familienfeste, zum Beispiel an Omas 70. Geburtstag, wobei ihr sieben Enkelkinder gratulierten und der Schützenverein im Namen der Gemeinde ein Ständchen brachte.

Kurz und gut: Die Tatsache, Mitglied einer intakten nationalen Gesellschaft zu sein, bedeutet, sich Bindungen zu unterwerfen, die die persönliche Freiheit stark einschränken und die Selbsterziehung im Sinne freigewählter Ziele erschweren.

Von Freunden und Geschäftsfreunden

Jeder von uns kennt das alte Sprichwort „Freunde in der Not gehn zehn auf ein Lot". (Wobei ein Lot ein altes Handelsgewicht mit etwa 16 Gramm gewesen ist.) Und jeder, der schon einmal Bankrott gemacht hat – in unserer kapitalistischen Gesellschaft kein ehrenrühriges Vergehen! –, mußte nach diesem Ereignis feststellen, daß alle „guten Freunde" abgetaucht waren wie unsere bewunderten U-Boote. Und dann mußte so ein „Pleitier" die Wahrheit eines anderen Sprichwortes erkennen: „Hilf dir selbst, dann hilft dir Gott!"

Lassen Sie uns aber jetzt von einer „echten" Freundschaft sprechen, verehrte Leser. *Was macht das Wesen einer Freundschaft aus?* Vier Punkte:

– Es muß ein gemeinsames geistiges Interesse vorhanden sein, was zwei Menschen aneinander bindet.
– Grundlage der Beziehung ist ein unbedingtes gegenseitiges Vertrauen.
– Diskretion ist selbstverständlich: Jeder muß wissen, daß das, was er dem anderen anvertraut hat, nicht nach außen dringt.
– Man übersieht die Schwächen des Freundes und erwähnt sie nie. Nur in Ausnahmefällen, wenn es um essentielle Entscheidungen geht, sollte ein Freund - nach ausdrücklicher Aufforderung - die „Wahrheit und nichts als die Wahrheit" sagen.

Ich bin der Meinung, daß für den Mann ein Freund (bzw. für die Frau eine Freundin) eine doppelte Verpflichtung hat: *stets verfügbar zu sein und zuhören zu können*, wenn man ein Problem hat oder sich ausweinen will; und immer mit Lob oder Trost zur Hand zu sein, wenn man das notwendig hat. Es sei hier – eigentlich überflüssigerweise – hervorgehoben, daß diese Verpflichtung eine gegenseitige ist: Wer nur nach Hilfe ruft, wenn er in psychischen Schwierigkeiten ist, selbst aber für den anderen „im Schadensfall" nicht greifbar ist, ist kein Freund, sondern ein Egoist.

Schon die Bezeichnung „Geschäftsfreund" ist typisch für die Heuchelei in unserem gesellschaftlichen System. Geschäftsfreunde oder Geschäftspartner sind allesamt Egoisten, die mit einem anderen nur einen „Deal" machen, weil sie sich davon mehr Erfolg und Gewinn versprechen, als wenn sie alleine kämpfen würden. Und es ist typisch für diese Art von Partnerschaften, daß sie sofort in die Brüche gehen, wenn sich einer der beiden finanziell benachteiligt fühlt. Weil eben keine menschliche Bindung vorhanden ist. Andererseits würde ich zwei wirklichen Freunden niemals empfehlen, gemeinsam ein Geschäft aufzumachen – da ist das Scheitern der Beziehung vorprogrammiert!

Psychologische Grundlagen einer Liebesbeziehung

Zitat aus dem SPIEGEL 18/91: „Mit Psychoratgebern und Partnerschaftsfibeln verdienen die Buchverlage am Frust der Frauen, die sich nach Verständnis bei ihren Partnern sehnen. Doch die neueste Erkenntnis der Beziehungsexperten ist wenig tröstlich: Männer und Frauen, behaupten Soziologen, sind grundverschieden und können einander gar nicht verstehen."

In der gleichen Ausgabe findet sich unter dem Titel „Illusion der Gleichheit" ein SPIEGEL-Gespräch mit dem angesehenen Psychotherapeuten Wolfgang Schmidbauer über Paarprobleme. Auf die Schlußfrage des Interviewers, ob man den anderen ganz verstehen müsse, antwortete Schmidbauer:

„Nein, man soll damit rechnen, daß man ihn nicht versteht. Es ist einfach realistisch, daß Frauen und Männer sich nicht verstehen. Aber sie können sich lieben und auf diese Weise auch Mißverstehen überbrücken."

Ich verkneife es mir, verehrte Leserinnen und Leser, jetzt prominente (selbsternannte) Sex-Experten zu zitieren. Ich streife das Thema Liebe, weil es unbedingt in den Kontext dieser Arbeit gehört, aufgrund meiner Lebens-/Liebeserfahrungen, also ganz subjektiv. Und ich greife zudem auf jene Erkenntnisse zurück, die ich in den vergangenen 15 Jahren durch Partnerseminare (mit dem Titel „Fundus vitae") gesammelt habe. Das waren Seminare, die an Wochenenden mit maximal sechs Paaren stattfanden. Alle waren freiwillig gekommen, hatten die Gebühren aus der eigenen Tasche bezahlt und sprachen „frei von der Leber weg" – nachdem sie erkannt hatten, daß die Problematik im Grunde bei allen die gleiche war. Und schließlich habe ich als Therapeut mit dem Problem der Paarbeziehungen zu tun, wenn „ausgebrannte" Manager zu mir kommen, um sich „coachen" zu lassen. Weil hinter vielen „erfolgreichen" Managern eine gebrochene Ehefrau steht. Also: Ein „psychologisch erfolgreicher Mensch" ist auch in der Liebe erfolgreich. Oder: Wer in der Liebe nicht erfolgreich ist, bei dem stimmt insgesamt etwas nicht in seiner Persönlichkeitsstruktur.

Es ist deshalb unumgänglich, über den „Erfolg in der Liebe" zu sprechen; unbeschadet der Tatsache, daß es eine unübersehbare Menge von erotischer Literatur gibt. Denn gerade diese riesige Auswahl macht es einem in Liebesdingen nicht besonders erfahrenen (oder gehemmten oder irritierten) Menschen schwer, sich zu informieren. (Abgesehen von den Schwierigkeiten, die seitens staatlicher Zensurstellen gemacht werden, an brauchbare Literatur über „praktizierte Sexualität" heranzukommen; denn der Buchhandel ist nach Indizierung mehrerer hundert erotischer Buchtitel mittlerweile so „gereinigt", daß Handbücher mit detaillierten Anweisungen nur mehr über den Versandbuchhandel zu haben sind.)

Was es erschwert, über „Liebe" zu sprechen, ist die Tatsache, daß wir nur *ein* Wort dafür haben. Die Griechen haben dafür drei Wörter, nämlich „Eros", „Philos" und „Agape": das (sexuelle) Verlangen, die Freundschaft und die Zuneigung. Wenn wir versuchen, das deutsche Wort „Liebe" zu definieren, gehen wir am besten zur indogermanischen Wortwurzel zurück: „lub-"= „vertrauen". Vertrauen ist also die Grundlage der Liebe. Nehmen wir „Sympathie" oder „Zuneigung" hinzu und lassen die normale sexuelle Spannung zwischen den Geschlechtern nicht außer acht:

> Von „Liebe" zwischen heterosexuellen Partnern sollte man nur sprechen, wenn der körperlich bedingten sexuellen Anziehung ein Mindestmaß an Zuneigung entspricht, auf der Basis eines unbedingten Vertrauens. Ohne Vertrauen kann keine „echte" Liebe entstehen bzw. bestehen!

Es ist logisch, daß ich aufgrund obiger Definition nur von Partnerschaften spreche, die bereits des längeren bestehen oder (erst kürzlich) mit der Absicht eingegangen worden sind, über einen langen Zeitraum anzudauern – ob mit oder ohne Trauschein. Die folgenden Überlegungen beziehen sich also nicht auf auf jene „Don Juan-Typen" oder „Nymphomantscherln", die beispielsweise in eine Disco gehen, um für die Nacht einen Bettpartner „aufzureißen". Damit soll nichts gegen Menschen gesagt werden, für die „Liebe" in erster Linie ein körperlicher Vorgang ist und die auf häufig wechselnde Partner angewiesen sind. Diese Art zu lieben ist allerdings nicht der Stil eines „Lebenskünstlers".

Nun haben sich vor allem Psychologen mit dem Problem beschäftigt, worauf funktionierende Partnerschaften beruhen. Ich halte mich hier an die Ansichten von Eric Berne, dessen Arbeiten, über seinen Tod hinaus, weltweit Ansehen genießen. Nach Berne beruht eine positive Partnerbeziehung auf drei Voraussetzungen:

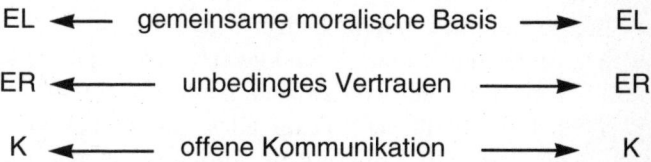

1. Eine „gemeinsame moralische Basis" bedeutet, daß beide Partner in etwa das gleiche „Wertsystem" haben. Wenn z.B. ein Mann, der in religiöser Beziehung sehr tolerant aufgewachsen ist, eine „praktizierende Katholikin" heiratet, sind Schwierigkeiten vorprogrammiert. Das gleiche gilt, wenn eine Christin einen Moslem heiratet. Auch andere kulturelle Programme, wie z.B. die Einstellung zur Kunst und Literatur, können zu verschieden sein, als daß eine Basis für gemeinsame Gespräche zustande käme. Denn wenn der Honigmond vorbei ist und die trivialen Rituale das Leben der Partner zu bestimmen beginnen – worüber spricht man dann miteinander? Als „Regel auf dem Wege zum Lebenskünstler" formuliert:

Die im „Eltern-Ich" angesiedelten Programme zweier Partner, vor allem die Wertsysteme und die Sozialnormen, sollten nicht zu verschieden sein – sonst ergeben sich entweder Differenzen, die zu ständigen Auseinandersetzungen führen, oder eine Kommunikationsleere: man hat sich nichts zu sagen, weil die Resonanz fehlt.

2. Das Vertrauen ist eine Sache des „Erwachsenen-Ichs", weil es vom Verstand überwacht wird. In jeder neuen Beziehung wird in der Anfangszeit das Erwachsenen-Ich jedes Partners im Hintergrund lauern, ob eventuell Verstöße gegen den stillschweigenden und meistens wörtlich gar nicht formulierten Vertrag festzustellen sind: nicht zu lügen und nichts zu verschweigen. Nur wenn dies der Fall ist, glaubt man zu wissen, daß man sich auf den Partner „hundertprozentig" verlassen kann.

3. Die „offene Kommunikation" bedeutet, daß man sich alles sagt, was man denkt, fühlt, wünscht und hofft. Als Kinder waren wir, sofern wir nicht gequält worden sind, nicht mißtrauisch. Kinder sind spontan, das heißt, sie drücken alles, was sie bewegt, offen und „unzensiert" aus. Sowohl die Spontaneität wie die Sexualität sind im „Kindheits-Ich" angesiedelt. Wenn zwei Menschen verliebt sind und gut miteinander harmonieren, heißt das - psychologisch ausgedrückt – nichts anderes, als daß es ihnen gelungen ist, die nörgelnden „Eltern" und den kritischen „Erwachsenen" auszuschalten: Jetzt können ihre „Kinder" ungeniert (im Sinne des Wortes!) miteinander „spielen". Fassen wir diese Erkenntnis wieder einmal zusammen:

Wenn zwei Menschen „offen" kommunizieren und deshalb gut harmonieren, und zwar seelisch wie körperlich, so ist es ihnen gelungen, die zahlreichen Verbote des „Eltern-Ichs" und das mißtrauische „Erwachsenen-Ich" auszuschalten und ihre „Kinder" ungeniert miteinander spielen zu lassen.

Eric Berne sagt in seinem Buch „Was sagen Sie, nachdem Sie ‚Guten Tag' gesagt haben?" sinngemäß folgendes:

„Wenn das ‚Kind' einmal von der Vorsicht und der Nörgelei der ‚Eltern' befreit sei, komme bei ihm ein Gefühl der Begeisterung und des Selbstbewußtseins durch. Das ‚Kind' beginne so zu sehen, zu hören und zu fühlen, wie es das für richtig halte, und wie es dies in seiner Kindheit auch getan habe, bevor es von seinen Eltern verfälscht wurde. In diesem Zustand der Selbständigkeit brauche es nicht mehr alle Dinge beim Namen zu nennen, wie es der Erwachsene erwarte: es müsse zu seinem Benehmen nicht mehr Rede und Antwort stehen, wie es seine ‚Eltern' von ihm fordern. Es sei frei auf optische, akustische oder emotionale Reize zu reagieren. „Da die beiden Partner einander vertrauen, offenbaren sie sich willig die geheime Welt ihrer Phantasie, ihre Erfahrungen und ihre Verhaltensweisen. *Als Gegenleistung erwarten sie nichts.* Die Freude, sich ohne jede Furcht offenbaren zu können, genügt ihnen."

„Werdet wie Kinder!" heißt es in alten Schriften. Das gilt besonders für Liebende. Mit anderen Worten: Für eine beglückende Liebesbeziehung ist eine offene Kommunikation Voraussetzung. So ergaben amerikanische Umfragen bei Psychotherapeutinnen, daß gute Kommunikation einer der wichtigsten Faktoren für eine sexuell befriedigende Beziehung ist. Von zehn Frauen, die ihrem Partner sagten, wie sie gern berührt werden wollen, gaben sieben an, daß sie „jedesmal" oder „beinahe jedesmal" während des Beischlafs einen Orgasmus haben. Es stellte sich außerdem heraus, daß nur 54 Prozent der Frauen, die ihr sexuelles Unbehagen für sich behalten, glücklich mit ihrem Sexualleben sind. Daraus wird geschlossen, daß „die Fähigkeit, dem Partner Gedanken und Gefühle über Sexualität mitzuteilen, der Einzelfaktor ist, der am deutlichsten mit einer guten sexuellen Beziehung korreliert... Die Paare mit guter Kommunikation schlafen öfter zusammen, und die Wahrscheinlichkeit, daß sie befriedigt sind, ist größer."

Frauen finden es oft schwierig, Genuß für sich zu akzeptieren, *und es ist ihnen nahezu unmöglich, Lust zu fordern.* Viele Frauen laufen mit der Vorstellung herum, daß ihre Partner sensibel genug sein müssen, um automatisch zu wissen, was sie wollen. Manchmal scheuen sich Frauen, etwas zu fordern, weil sie Angst haben, abgewiesen zu werden. Sie äußern ihre Bedürfnisse leise und indirekt und hoffen, daß ihr Code entschlüsselt wird und man ihren Wünschen nachkommt.

Menschen, die sich lieben, möchten einander Freude bereiten, auch wenn sie oft nicht wissen wie. *Von Männern kann man in der Therapie hören, daß es sie sehr erleichtern würde, wenn ihre Partnerin ihre Bedürfnisse klarer aussprüche, so daß sie nicht im dunkeln tappen und die Geheimschrift der Wünsche mühsam entziffern müssen.* Fazit: Wer seinem Partner seine sexuellen Wünsche nicht mitteilt, nimmt ihm das Vergnügen, ihm Freude zu machen - und bringt sich selbst um den sexuellen Genuß.

Und schließlich denken einige Frauen, daß etwas, das sie bekommen, ohne darum zu bitten, mehr wert ist als etwas, das man ihnen „nur" auf ihren ausdrücklichen Wunsch hin gibt. Dieser Mythos ist problematisch, weil in ihm Enttäuschungen bereits vorprogrammiert sind, denn die meisten Partner sind keine Gedankenleser und wissen nicht automatisch, wie sie ihrer Liebsten Lust verschaffen können. Tatsächlich ist es so. In Anbetracht der Einzigartigkeit jeder Frau sind die meisten Männer ohne jede spezielle Information ratlos. Ein Mann sagte einmal einer Therapeutin: „Jede Frau sollte am besten mit ihrem individuellen Leitfaden kommen, so daß der Mann weiß, was ihr im Bett am besten gefällt."

Ich habe diese Auslassungen mehrerer renommierter amerikanischer Therapeutinnen angeführt, weil sie mehrheitlich auf den Antworten von Frauen (in Therapie) fußen. Daraus geht unter anderem hervor, was für in der Liebe unbedarfte Gesellen die Männer sind, die, und da kommen sie sich schon sehr fortschrittlich vor, am liebsten von ihrer „Angebeteten" einen schriftlichen Wunschzettel hätten, wie es die „Frau Gemahlin" gerne hätte. Denn dieses Procedere würde die „Herren der Schöpfung" für alle Zeiten der Mühe entheben, sich über das Innenleben ihrer Frauen Gedanken zu machen.

Nach meinen Erfahrungen mit Klienten sind die meisten Männer zu einer tiefen menschlichen Bindung an eine Frau überhaupt nicht fähig. Und ich hatte immer den Eindruck, daß für einen „richtigen"

Mann, etwa so einen aus dem Kennedy- oder Denver-Clan, Frauen in der Tat nur Sexualobjekte sind. Dazu führte Schmidbauer in dem schon erwähnten Interview sinngemäß folgende Punkte an:

- Sexualität wird von Jungen und Mädchen unterschiedlich erlebt. Mädchen müssen ihr sexuelles Verhalten kontrollieren, Jungen können herumprobieren.
- Für Frauen ist sexuelles Verhalten immer in eine Beziehung integriert, deshalb leiden sie mehr unter einer Trennung als Männer.
- Während Frauen nach einer gescheiterten Beziehung längere Zeit brauchen, um dieses Ereignis aufzuarbeiten, vermeiden Männer diese „Trauerarbeit" und suchen sich möglichst schnell ein neues, bedürfnisbefriedigendes Objekt.
- Dieses Verhalten korrespondiert im übrigen mit der Tatsache, daß Männer häufig fremd gehen, während sie von ihrer Partnerin strikte eheliche Treue verlangen. Das lustsuchende rechte Gehirn „überredet" das Linkshirn, „mal eben wegzusehen", wenn eine Eskapade in Aussicht steht – und das linke Hirn folgt ergeben dieser Aufforderung. Schließlich kann man ja nicht ständig in Moral machen...

Voraussetzungen für eine befriedigende sexuelle Beziehung

Da der Paarbeziehung unter heterosexuellen Partnern eine starke sexuelle Anziehung zugrunde liegt, erhebt sich die Frage, wie so ein Paar mit der Sexualität fertig wird. Um eine für beide Teile befriedigende Beziehung zu erreichen, sollten – möglichst! – folgende Voraussetzungen erfüllt sein:

- Grundlage einer guten sexuellen Beziehung ist das unbedingte Vertrauen der Partner zueinander und die daraus resultierende Offenheit im Gespräch.
- Der Leistungsgedanke gehört aus dem Schlafzimmer verbannt.
- Für das Liebesspiel sollte man sich Zeit nehmen. „Schnelle Aktionen" bringen nichts – vor allem nicht für die Frau.
- Da die Erregungskurven von Mann und Frau ganz verschieden

verlaufen, hat der Mann unbedingt auf die Frau Rücksicht zu nehmen.

- Das Liebesspiel sollte über intensives Küssen, Streicheln des gesamten Körpers (vor allem der erogenen Zonen) bis zur Manipulation der Partnergenitalien reichen. Auf diese Weise wird vor allem die Frau in steigendem Maße stimuliert und kann Höhepunkte erleben, bevor die Penetration beginnt.
- Da die Erregungskurve der Frau langsam sinkt, sollte dem Akt ein zärtliches Nachspiel folgen.
- Störungen beim intimen Beisammensein, wie vorzeitiger Samenerguß, Impotenz oder Frigidität, sind in 95 Prozent aller Fälle psychisch bedingt. Deshalb bedeutet „sexuelle Emanzipation" für *jeden* der Partner zunächst einmal, moralische Verbote zu überwinden, nach dem Motto: „Erlaubt ist alles, was Spaß macht und mich selbst und andere nicht entwürdigt oder schädigt!"

Ein männlicher Lebenskünstler ist (unter anderem) dadurch definiert, daß er es gelernt hat, eine Frau „lege artis" zu „bedienen".

Zum Thema „Liebe als Bindungsmedium" merkt Peter Orban in seinem Buch „Der Tanz der Schatten" an:

„Das Thema der Verbindlichkeit ist in hohem Maße von sexueller Bindekraft aufgeladen. Ein Phänomen, das oft als ‚sexuelle Hörigkeit' beschrieben wird. Diese Hörigkeit besteht darin, daß der andere oft eine sexuelle Seite in dir zum Klingen bringt, von der du noch nicht einmal wußtest, daß es sie gibt.

Der eigentliche Motor einer derartigen „Verbindlichkeit" ist das Vorliegen gleichstarker Momente von Anziehung einerseits und Abstoßung andererseits. Es ist wie bei jedem normalen Planetensystem auch: *Die beiden Kräfte halten sich die Waage. Dabei leidet das Ego Höllenqualen.*

Der Leidtragende dieses Systems ist immer das Ego. Es erhält hier seine tiefsten Wunden. Wir folgern daraus, daß das Ego selbst hier zum Tode verurteilt werden soll, und zwar in seiner *jetzigen* Struktur. Es geht um einen Sterbeprozeß: eine psychische Struktur soll zum Abschluß kommen."

Ich erinnere daran, was wir früher über die Figur des „Schausteller" gesagt haben, der unser Bewußtsein symbolisiert. Und daß, neben dem „plärrenden" Kind, in der Figur des „Titanen" unser Ich (= Ego) enthalten ist. Das Ego, das mit Hilfe des Titanen und eines beträchtlichen Energiepotentials stets „der Größte" sein will. Wenn nun zwei Verliebte sich immer mehr einander annähern, bis sie mehr oder weniger zu einer Seele verschmelzen, dann wird jedes Ego der beiden „dahinschmelzen" wie Eis im Frühlingswind. *Die Liebe ist der größte Feind des Ichs in jedem Menschen.* Das heißt aber im Klartext: Aus einer tiefen Liebesbindung geht jeder der beiden Partner mit einem verwandelten „Schausteller" hervor. Er ist nicht mehr, der er vor Beginn dieser Bindung gewesen ist.

Nun gilt das Gesagte nicht nur für das Verhältnis von Mensch zu Mensch. Es gibt rührende Geschichten von der Bindung eines Menschen an seinen Hund oder sein Pferd. Es ist eben ein Unterschied, ob ich ein Tier als ein beseeltes Geschöpf betrachte und große persönliche Opfer für so einen „Seelenbruder" bringe, wenn es die Situation erfordert; oder ob für mich ein Tier ein „Ding" ist, das ich mir irgendwann zum Spaß, als Spielzeug für die Kinder oder zum Geldverdienen anschaffe – wie etwa ein Rennpferd. Und das ich „postwendend" zum Pferdeschlächter schaffe, wenn es keine Preise mehr heimreitet.

Das Sterben des Ichs wird durch die Tarot-Karte „Tod" symbolisiert. Im Tarot bedeutet „sterben" stets, daß man als Fragender *einen psychischen Tod* erleidet - und sofort wieder als neue, verwandelte Persönlichkeit aufersteht. Das ist ein normaler Vorgang im Erdenleben eines Suchenden, der von einer Metamorphose in die andere geht. Nur Schlafmützen und Dummköpfe ändern ihre Anschauungen nicht - weil ihr Ich niemals gestorben ist.

Das Läuten der Kamelglocke

Die Menschen, die uns im Laufe unseres Lebens begegnen, haben, wie wir jetzt am Beispiel „Liebe" erarbeitet haben, nicht nur Spiegelfunktion. Einige von ihnen werden zu Begleitern, die uns einerseits als angenehm und hilfreich erscheinen, uns aber andererseits so mit Beschlag belegen, daß uns irgendwann die Luft wegbleibt. Jene Luft nämlich, die wir *zum Atmen in Freiheit* benötigen, um uns im Sinne einer Selbstverwirklichung weiterentwickeln zu können. Und das ist der wesentliche Grund, warum Partnerschaften aller Art irgendwann auseinandergehen: *Die Partner ändern sich.* Entweder beide entwickeln sich in verschiedenen Richtungen weiter, oder ein Partner entwickelt sich weiter, während der andere stehenbleibt. Wie auch immer: *Irgendwann ist der Bruch fällig: das Auseinandergehen, das der Verlassene als „Verrat" empfindet.* Dieses Problem, so alt wie die Menschheit, ist oft dichterisch verarbeitet worden. Mit am schönsten von einem Sufi des Westens, dem bereits erwähnten Richard Burton. Er schrieb ein Gedicht mit dem arabischen Titel „Die Kasidah" („Das Läuten der Kamelglocke"). Es schildert seine, Burtons, Reise mit einer Kamelkarawane durch die Wüste:

„Die Stunde naht;
der schwindende Mond erscheint,
die spätere Nacht zu regieren;
Von Sternenglanz gekrönt,
thront er in einem Hof von fahlem Licht."

Während der Nacht durchleben die Reisenden wechselnde Gefühlszustände; Burton verläßt die Karawane der Pilger, *die Gemeinschaft der noch nicht entwickelten Menschen.* Er nimmt einen anderen Weg, den Pfad des Sufi:

„Adieu nun, Freunde meiner Jugend! mit Glück sehn wir uns einmal wieder;
Doch die wir jetzt sind, werden nie sich wieder treffen; die Jahre machen andere aus uns; ...
Geht, tretet aus meinem Leben, wie das Läuten der Kamelglocke erstirbt."

So weit das Zitat aus dem Buch „Die Sufis" von Idries Shah. Es demonstriert, daß gewisse Probleme des Mensch-Seins, wie das Sich-Finden und das Sich-wieder-Trennen, weltweit verbreitet sind, bei allen Völkern und Religionsgemeinschaften. Darum wissen alle Dichter, daß sich „Herz" am besten auf „Schmerz" reimt. Und sie wissen, daß sich an dieser Tatsache nichts ändern wird...

Ich fasse wieder zusammen, was uns die 8. Runde auf dem Karussell des Seins an Erkenntnissen gebracht hat:

Formel VIII zur Lebenskunst: Wenn Sie eine starke Bindung an einen Menschen oder ein Tier spüren und aus dieser „Verbindlichkeit" mit Hilfe Ihres Egos nicht herauskommen, müssen Sie wissen, daß Ihnen höchstwahrscheinlich eine Entscheidung bevorsteht, die Ihre Persönlichkeit verändern wird. Angenommen, Sie trennen sich von einem bewährten Lebenspartner oder einem geliebten Haustier - dann wird dieser Vorgang Ihr Ego (in seiner bisherigen Ausformung) töten! Sie werden als veränderte Persönlichkeit, mit einem „neuen" Ich und einem gewandelten „Schausteller", Ihren Weg fortsetzen.

Fragen zur praktischen Daseinsbewältigung

Hinweis: Haken Sie jene Punkte ab, die Sie bereits realisiert haben. Was offenbleibt, zeigt Ihnen, in welcher Richtung Sie noch an sich arbeiten könnten, um ein „perfekter" Lebenskünstler zu werden.

- Vernachlässigen Sie Ihren Körper nicht – er ist die Grundlage Ihrer Existenz.
- Fühlen Sie sich gestreßt? Dann haben Sie Ihr Energiepotential nicht optimal eingesetzt: Welche Aufgaben könnten Sie abgeben bzw. sein lassen? Schlafen Sie genug?
- Sind Sie lieber „reich und neurotisch" oder nur „gut situiert" und „psychologisch gesund"?
- Sind Ihre Erben es wert, daß Sie sich für sie bei der Anhäufung von Besitz kaputtmachen?
- Wieviel Zeit haben Sie in Ihrem bisherigen Leben zur Selbsterforschung aufgewendet? Wissen Sie eigentlich, wer Sie sind? Und warum, glauben Sie, sind Sie in dieses Leben hineingeboren worden?
- Wie steht es mit Ihrer menschlichen Reife? Kommen andere zuweilen um Rat auf Sie zu? Oder sind Sie ein „Mauerblümchen", weil Sie nichts Wesentliches zu sagen haben?
- Sind Sie sich über Ihre Vorurteile im klaren? Vor allem über die rassischen und religiösen? Sind möglicherweise „Gastarbeiter" und „Asylanten" in Ihren Augen „Menschen zweiter Klasse"?
- Haben Sie schon einmal über das Verhältnis von Yang zu Yin in Ihrer Seele nachgedacht? Sind Sie ernsthaft daran interessiert, in dieser Beziehung eine Balance zu erreichen?
- Die Sexualität manifestiert sich durch eine Triebhaftigkeit, die wegen des starken damit vergesellschafteten Energiepotentials nicht einfach beiseitegeschoben werden kann. Ist Ihnen klar, daß verdrängtes sexuelles Verlangen immer in eine Neurose mündet?
- Das Lieben ist eine Kunst, die erlernt werden muß. Voraussetzung zur Meisterschaft ist das Überbordwerfen anerzogener

Hemmungen und das vertrauensvolle Offenlegen der beiderseitigen Erwartungen. Können Sie das?

– Homos und Lesben haben das gleiche Recht auf sexuelle Befriedigung wie „Normalgepolte". Es steht niemandem zu, diese „Randgruppen" zu verurteilen oder zu diffamieren. Akzeptiert?

– Wird Ihr „Ich" in erster Linie von Ihrem macht- und geltungssüchtigen „Titanen" beherrscht? Kommt Ihr weinendes und liebebedürftiges „Kind" wenigstens ab und an zu seinem Recht?

– Zwischenmenschliche Krisen werden letztlich durch den „Titanen" aus der Welt geschafft – sonst stirbt das „Ich". Ist Ihnen das klar?

– Überschätzen Sie Ihre Intelligenz nicht – für sich betrachtet ist sie fast wertlos. Allein das *Leitmotiv Ihres Lebens* entscheidet, *wie* Sie Ihre Intelligenz benutzen.

– Ihre Intelligenz taugt zu nichts, wenn Sie das Denken nicht gelernt haben. Das beweisen alle ideologisierten Menschen.

– Ihre intellektuelle Leistung hängt im übrigen davon ab, inwieweit Sie es gelernt haben, die linke und die rechte Hemisphäre Ihres Gehirns „synchron" zu benutzen.

– Einstein hat mit Nachdruck darauf hingewiesen, daß die linke Hemisphäre allein nicht in der Lage ist, wissenschaftliche Probleme zu lösen, weil dazu Intuition nötig ist – und die kommt aus dem rechten Gehirn. Also überschätzen Sie das „reine naturwissenschaftliche Denken" nicht!

– Die „Lebensaufgabe Nr. 1" ist die Selbstentfaltung (oder Selbstverwirklichung): Man versucht, alle Talente und Dispositionen aus dem Inneren zutage zu fördern und sie zu „aktualisieren", d.h. sie praktisch anzuwenden. Auch Sie sind mit Sicherheit vielseitig begabt – Sie wissen es nur nicht!

– Zur Selbstentfaltung gehört auch das Bemühen, den eigenen „Schatten" aufzuhellen: jene im Unterbewußtsein lokalisierten Neigungen, die unser Leben positiv oder negativ beeinflussen. Wirksame Hilfe bei diesem Bemühen leisten Ihre Mitmenschen, die Ihnen jeweils einen „Spiegel" vorhalten, durch den Sie *eine* bestimmte Triebkraft erkennen können. Das bedeutet: *Alle* Menschen, mit denen Sie intensiv kommunizieren, sind „Arme des Schicksals", die Ihnen weiterhelfen können.

- Sie müssen, wie jeder Mensch, Ihre Lebensbahn letztlich *alleine* bewältigen. Deshalb werden dabei entstandene persönliche Bindungen irgendwann wieder gelöst. Das tut weh und modifiziert Ihr „Ich". Doch sind diese Trennungsaktionen notwendig und deshalb auch in Ihrem Leben „normal".
- Da Sie Ihren Lebensweg alleine gehen müssen, sollten Sie sich keine Umwege leisten, die durch den Eingriff Dritter verursacht werden. Führen Sie in Ihrem Leben selbst Regie – und verbitten Sie sich jede (angeblich gut gemeinte) Einmischung!

Das Lebenskünstler-Rezept

Es gibt Menschen, die sich von einem Sachbuch (oder von einem Seminar) ein Rezept erwarten: Wie kann ich künftig mein Leben mit seinen privaten und beruflichen Konflikten „spielend" meistern? So daß ich bei einem Minimum an Streß ein Maximum an Lust erziele? Voilà – hier ist so ein Rezept! Made by Michael Birkenbihl. Eine Gewährleistung für etwaige negative Folgen kann nicht übernommen werden...

Um sich „klug und glücklich" durchs Leben zu schlagen, empfehle ich Ihnen, die folgenden Ratschläge zu beherzigen:

- Werden Sie sich, falls noch nicht geschehen, endgültig darüber klar, welche Zielsetzung Ihr Leben haben soll: Erfolg im Sinne von Karriere (und/oder Reichtum) oder ein normales, „bürgerliches" Leben. Falls Sie sich für Karriere entschieden haben, können Sie das Thema „Lebenskunst" vergessen.
- Erlauben Sie niemandem, auch nicht aus „Liebe", sich in Ihr Leben einzumischen! Führen Sie in Ihrem Leben selbst Regie!
- Das höchste Gut ist die Freiheit. Suchen Sie, innerhalb unseres Gesellschaftssystems, ständig nach Nischen, in denen Sie „nach Ihrer Façon selig werden" können.
- Nehmen Sie sich, Ihr kleines „hautverkapseltes Ich", nicht zu wichtig! Dann entfällt auch die Versuchung, dieses Ich ständig zu verteidigen und mit Hilfe von Statussymbolen aufzubauschen.
- Schließen Sie sich niemals einer politischen Partei an und wehren Sie sich energisch gegen jeden Versuch einer religiösen Indoktrinierung.
- Begegnen Sie jeder Art von Werbung mit äußerstem Mißtrauen und denken Sie bei „Sonderangeboten" immer an Sokrates, der bei einem Gang über den reichbestückten Athener Markt ausrief: „Wie viele Dinge es doch gibt, die ich nicht brauche!"
- Erinnern Sie sich von Zeit zu Zeit des Midaskomplexes und daß mehr Geld nicht „automatisch glücklicher" macht. Nehmen Sie die „armen Reichen" als warnendes Beispiel, was einem

durch das eigene Geld alles angetan werden kann – vom Börsencrash bis zur Entführung!

– Informieren Sie sich über das politische und wirtschaftliche Tagesgeschehen *niemals* aus nur einer Zeitung und einem TV-Kanal, sondern studieren Sie auch ausländische Medien. Lesen Sie grundsätzlich keine parteieigenen Publikationen, weil deren Zweck die Meinungsmanipulation ist.

– Falls Sie stolz darauf sind, einer alten Kulturnation anzugehören, dann machen Sie von der gebotenen Kultur auch Gebrauch: Besuchen Sie Theater, Konzerte und Museen. Genießen Sie die Hochgestimmtheit einer künstlerischen Live-Veranstaltung in der Gemeinschaft Gleichgesinnter. Und machen Sie Ihre Kinder rechtzeitig mit den Schönheiten unserer europäischen Kultur vertraut. Was Kindern in der „Kinderstube" nicht geboten wird, holen sie später in aller Regel nicht mehr nach!

– Räumen Sie Konflikte mit Ihren nächsten Angehörigen, Freunden oder Arbeitskollegen durch ehrliche Aussprachen aus dem Wege. Das bewahrt Sie vor Neurosen und deren körperlichen Auswirkungen, den Krankheiten aller Art.

– Hüten Sie sich, hypochondrisch zu werden und überwinden Sie Ihre Furcht vor Krebs und dem Sterbenmüssen. Todesangst bewahrt Sie nicht vor dem Tode – also sehen Sie Ihrem Tod mit Gelassenheit entgegen! Bis es indessen so weit ist – leben Sie! In vollen Zügen!

– Genießen Sie die körperliche Liebe, wo immer es möglich ist! Nichts reut einen im Alter mehr als versäumte Gelegenheiten! Und lassen Sie sich nicht von verklemmten Eiferern einreden, daß Sexualität, dieses Gottesgeschenk par excellence, etwas Sündiges sei!

Sie haben nunmehr, verehrte Leserinnen und Leser, den Teil I dieses „esoterisch eingefärbten" Breviers zur Lebenskunst absolviert. Sie könnten das Buch jetzt aus der Hand legen, weil erörtert worden ist, was der Titel verspricht. Wenn Sie sich indessen, als echte „Suchende", zum „Weisen" weiterentwickeln wollen, dann nehmen Sie den folgenden „Teil II" in Angriff. Ich verspreche Ihnen bei der Lektüre ein intellektuelles Vergnügen.

TEIL II

Vom Lebenskünstler
zum Weisen

9. Runde:
Die Landschaft der geistigen Weite

DER EREMIT

In der 9. Runde gewinnt unsere Karussellfahrt eine neue Qualität. Wir steuern nunmehr von der (geglückten) Lebenskunst auf jenes Ziel zu, das nur wenige Menschen ernsthaft zu erreichen versuchen: *die Weisheit.* Denn seit dem großen Psychologen Abraham Maslow rechnet man in Fachkreisen, daß etwa ein Promille der Menschheit, also jeder Tausendste, sich ernsthaft um Selbstverwirklichung (und damit um Weiser-Werden) bemüht. Wenn Sie also, verehrte Leserinnen und Leser, sich bis hierher durch dieses Buch gearbeitet haben *und bereit sind,* auch den Teil II, der eine Menge „Gripsmassage" *mehr* von Ihnen verlangen wird, erfolgreich zu bewältigen – ja, dann können Sie sich, ohne Überheblichkeit, zur Elite der Menschheit rechnen.

„Das Definieren kommt vor dem Philosophieren" ist eine bewährte alte Regel, an die ich mich auch zu Beginn des Teiles II halten will. Der Wahrig: „Deutsches Wörterbuch", versteht unter dem Begriff „Weisheit": einsichtige Klugheit, Lebenserfahrung, geistige, innere Reife, Abgeklärtheit; überlegenes Wissen, Gelehrsamkeit.

„Weise sein" bedeutet also, Wissen und Lebenserfahrung geistig so verarbeitet zu haben, daß kluges Handeln daraus resultiert. Wir wollen uns deshalb am Beginn der neuen Karussellrunde Gedanken über „das Wissen" machen.

Wissen ist Macht

Beschäftigen wir uns zunächst mit den Vorstellungen eines wirklich kompetenten und international renommierten Fachmannes: mit Alvin Toffler. In seinem neuen Buch „Machtbeben (Powershift)" hebt Toffler als differenzierende Wesensmerkmale von Macht und Wissen hervor:

– Gewalt ist praktisch immer endlich. Es gibt eine Grenze, über die hinaus wir bei der Anwendung von Gewalt eben das zerstören, was wir einzunehmen oder zu verteidigen gedenken. Dasselbe gilt für den Reichtum. Mit Geld läßt sich nicht alles kaufen, und irgendwann wird auch die dickste Brieftasche leer.

– Wissen ist praktisch unerschöpflich. Wir können immer mehr Wissen erzeugen und aufnehmen. Deshalb verweist Toffler auf den griechischen Philosophen Zeno von Elea und dessen Bemerkung, daß ein Wanderer, der jeden Tag die Hälfte des Restweges zu seinem Ziel gehe, es niemals erreichen werde, weil immer noch eine Resthälfte zu gehen bleibt. Ebenso, sagt Zeno, werden wir niemals das endgültige Wissen über alles erlangen, und dennoch können wir dem Verständnis des untersuchten Phänomens immer noch einen Schritt näher kommen. *Wissen ist, jedenfalls prinzipiell, endlos erweiterbar.*

Schließlich hebt Toffler die wichtigste Eigenschaft des Wissens heraus. Er weist nämlich – als erster! – darauf hin, daß es einen ausschlaggebenden Unterschied zwischen Gewalt und Reichtum einerseits und dem Wissen andererseits gibt. Bisher vertrat man die Meinung, Gewalt und Reichtum seien Eigentum der Mächtigen und Reichen. In diesem Denkschema war niemals für die Idee Platz, daß auch die Schwachen und Armen sich Wissen aneignen könnten – ein wahrhaft revolutionärer Wesenszug des Wissens!

Da also Wissen eine echt demokratische Machtquelle ist, bedroht es ständig die Mächtigen. Demonstriert wird diese Tatsache seit etwa drei Jahrzehnten durch die jungen Akademiker der Dritten Welt, die zahllose Aufstände angezettelt haben; oft gemeinsam mit jungen Offizieren, die auf Kriegsschulen Wissen über Machtausübung erworben hatten und es dann gegen ihre „angestammten" Herrscher einsetzten. Fazit: Alle Machthaber, vom Familienpatriarchen bis zum Staatspräsidenten versuchen, Qualität und Verteilung des Wissens in ihrem Herrschaftsbereich unter Kontrolle zu halten.

So weit die Gedankengänge Alvin Tofflers. Nun, was bringt Ihnen als „Anwärter auf Weisheit" diese Toffler-Philosophie? Möglicherweise (aus meiner Sicht hoffentlich!) die Erkenntnis, *daß Sie sich ohne eine ausreichende Wissensgrundlage kein Bild machen und kein Urteil erlauben können, was in unserer Welt an bahnbrechenden Neuerungen vor sich geht.* Es geht, um es ganz klar auszusprechen, um „Paradigmen-Wechsel". Das bedeutet: Die „Denkrahmen", innerhalb derer auf allen Wissensgebieten mögliche Neuentwicklungen reflektiert werden, ändern sich zur Zeit, *weil sie sich ändern müssen!* Wenn, um diesen Sachverhalt durch ein simples Beispiel transparenter zu machen, ein Wissenschaftler darangehen wollte, die Probleme der gegenwärtigen Klimaveränderung mit Denkmethoden zu bewältigen, die den Erkenntnissen der „Physik vor Einstein und Heisenberg" entsprächen, müßte er scheitern. Mit anderen Worten: Jeder, gleich welcher Disziplin er sich zurechnet, der sich mit den komplexen Zusammenhängen unserer Gegenwartsproblematik auseinandersetzt, *muß* über bestimmte neue Erkenntnisse informiert sein. Und woher bekommt er diese Informationen? Indem er, quasi auf eigene Faust, weltweit in Publikationen aller Art wie ein Detektiv fahndet. Denn bis neue Erkenntnisse durch unsere Hochschulen vermittelt werden, sind diese Erkenntnisse längst nicht mehr neu...

Das „neue" Wissen

Ich möchte Ihnen nunmehr, verehrte Leser, einige Beispiele dieses „neuen" Wissens demonstrieren, von mir aus diversen Quellen „kompiliert", d.h. „zusammengetragen", mit der Nebenbedeutung „zusammengestoppelt". Na ja...

Der „bootstrap-Ansatz" von Geoffry Chew

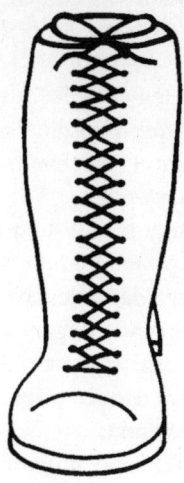

Betrachtet man einen ordentlich geschnürten Stiefel, so wird klar, daß das „Schnürsenkel-Muster" nur dann „ästhetisch schön" oder „stimmig" erscheint, wenn seine Bestandteile, also die einzelnen Verbindungen von Loch zu Loch, untereinander und mit sich selbst übereinstimmen. Das heißt: die einzelnen Teilstrecken sind (in etwa) gleich lang, die Winkel der Teilstrecken untereinander enthalten (in etwa) gleich viele Grade und die Teilstrecken stimmen mit sich selbst überein, weil der Schnürsenkel in seiner Gesamtlänge nicht durchgescheuert ist.

Überträgt man dieses Bild auf die heutigen physikalischen Erkenntnisse, so kann man, mit Geoffry Chew, formulieren: Nach der „Schnürsenkel-Philosophie" läßt sich die Natur nicht auf fundamentale Einheiten reduzieren, etwa auf fundamentale Bausteine der Materie, sondern muß ganz und gar durch die Forderung nach folgerichtiger Gesamtübereinstimmung verstanden werden. *Für die gesamte Physik gilt allein der Grundsatz, daß ihre Bestandteile untereinander und mit sich selbst übereinstimmen müssen.* Die Bootstrap-Philosophie gibt nicht nur den Gedanken fundamentaler Bausteine der Materie auf, sondern akzeptiert überhaupt keine fundamentalen Einheiten irgendwelcher Art – keine fundamentalen Konstanten, Gesetze oder Gleichungen. *Das Universum wird als ein dynamisches Gewebe untereinander verbundener Geschehnisse betrachtet.* Keine der Eigenschaften irgendeines Teiles dieses Gewebes ist fundamental; *alle ergeben sich aus den Eigenschaften der anderen Teile*; und die folgerichtige Gesamtübereinstimmung ihrer Wechselbeziehungen determiniert die Struktur des gesamten Gewebes.

Aus diesen Gedankengängen läßt sich u.a. folgern: Grundlage jeder Definition sollten *Zusammenhänge* sein. Man sollte das *verbindende Muster* entdecken, das allen beobachteten Phänomenen als Organisationsprozeß zugrunde liegt.

(*Gregory Bateson*, einer der fruchtbarsten Denker der Neuzeit, hat diese Forderung in seinem Buch „Geist und Natur. Eine notwendige Einheit", so ausgedrückt:

„Meine zentrale These läßt sich nun in Worten andeuten: *Das Muster, das verbindet, ist ein Metamuster.* Es ist ein Muster von Mustern. Und genau dieses Metamuster definiert die weitreichende Verallgemeinerung, daß es in der Tat *Muster sind, die verbinden.*")

Eine weitere ergänzende Vorstellung (von Daniel Bohm) ist jene von der *„ungebrochenen Ganzheit".* Bohms Ziel ist die Erforschung der Ordnung, die seiner Ansicht nach auf einer tieferen, „nichtmanifesten" Ebene des kosmischen Gewebes von Zusammenhängen vorherrscht.

Er nennt diese Ordnung „implizit" oder „eingefaltet" und beschreibt sie durch die Analogie eines Hologramms, bei dem jedes Teil in gewissem Sinne das Ganze enthält.

Nun ist das Hologramm ein statisches Prinzip. Um die dynamische Natur der subatomaren Wirklichkeit auszudrücken, hat Bohm den Begriff *„Holobewegung"* geprägt. Seiner Ansicht nach ist die Holobewegung ein dynamisches Phänomen, *aus dem heraus alle Formen des Universums fließen.*

Diese Ansicht deckt sich im übrigen mit jener bedeutender esoterischer Denker, die seit eh und je behaupten, *der Mensch trage in seiner tiefsten Tiefe, also implizit, ein Bild mit sich – als Wegweiser seiner Entwicklung.*

(Anmerkung zum Autor *David Bohm*: geb. 1917 in den USA. Physiker und Einstein-Schüler. Er verfaßte grundlegende Werke zur Quanten- und Relativitätstheorie.)

Die Schlange im Garten Eden

Es besteht heute Übereinstimmung darüber, daß der „Mensch der ersten Anfänge" völlig undifferenziert eine Einheit mit der ihn umgebenden Natur bildete. Er hatte noch kein „Ich" entwickelt und hatte noch keine Todes-Erfahrung. Der Mensch schwamm also in dieser vorgeschichtlichen Zeit unbewußt im Instinktiven wie ein Tier. Geborgen, getragen und gehalten von der großen Mutter, die ihn wiegt und der er ausgeliefert ist im Guten und Bösen. *Nichts ist er selber, alles ist Welt.* Dies ist die Welt der „Bauchpsychologie".

Physiologisch kann man sich dieses frühe, primitive Menschenwesen primär als Reptilienkomplex (mit Basisreflexen) und sekundär als limbisches System (mit verschwommenen gefühlsähnlichen Anmutungen) vorstellen. Und da fällt die Tatsache auf, daß das zugehörige Symbol in fast allen Mythologien ein schlangenförmiges Reptil ist. *Reptil: instinktiv handelnd, seiner selbst nicht bewußt, eingebettet in Mutter Natur, verwurzelt in der Sphäre des Unbewußten.* Und das ist offensichtlich der wirkliche Zustand des Gartens Eden, wie er weltweit von den Mythologien beschrieben wird.

Aber: Dieses primitive Frühwesen repräsentiert nicht als solches und nicht aus sich heraus das definierende Wesen der Menschheit. *Denn das wahre Wesen eines Seienden wird nicht durch die unterste Stufe, auf die es sinken kann, bestimmt – Tier, Es, Affe –, sondern durch die höchste, zu der es aufsteigen kann – Brahman, Buddha, Gott.* So müssen wir selbst in der archaischen Zeit, in der die Menschheit zweifellos der untersten Ebene verhaftet war, das *definierende Herz* der Menschheit irgendwo anders suchen...

Offensichtlich besaß die Menschheit bereits im archaischen Zustand alle höheren Bewußtseinszustände als *Potential,* und zwar aus dem einfachen Grunde, weil die Menschen wach waren, träumten und schliefen. Mit anderen Worten: *Alle Bewußtseinsebenen, einschließlich der höheren, waren im Urmenschen in einem undif-*

ferenzierten und potentiellen Zustand bereits vorhanden. Ken Wilber nennt in seinem Buch „Halbzeit der Evolution" die Summe dieser unbewußten Strukturen den „Unbewußten Urgrund".

Nach der Lehre des Kundalini-Yoga trägt die Menschheit alle höheren Bewußtseinsebenen als Potential in sich; als ein Potential, das allgemein als „Kundalini-Energie" bezeichnet wird und von der es heißt, daß es *im Unbewußten aller Menschen* schlummert. Der niedrigste Zustand der Kundalini-Energie, in dem sie anfänglich schlummert, darauf wartend, sich erheben zu können, wird immer als *Schlange* dargestellt (und als „Schlangenkraft" bezeichnet). Sie liegt zusammengerollt am unteren Ende der Wirbelsäule, im niedrigsten „Chakra" oder Energiezentrum des Körpers. *Aus diesem untersten Chakra erwacht und erhebt sich die Schlangenkraft (das Bewußtsein selbst) zu sukzessiv höheren Zuständen.* Aus dieser Sicht *ist* die Evolution des Bewußtseins die nach oben gerichtete Evolution der Schlangenkraft. Biblisch ausgedrückt: hier haben wir die „Schlange aus dem Garten Eden" vor uns.

Nun geht es bei allen mythologischen Heldengeschichten um drei Bewegungen: Trennung, Initiation (d.h. Einweihung in Höheres) und Rückkehr. Und da kommt einem die *„Erzählung vom verlorenen Sohn"* in den Sinn. Diese Geschichte, die nicht nur irgendeine Geschichte, sondern *die* Geschichte der Menschheit und ihres Bewußtseins ist (sagt Ken Wilber). Denn der Sohn, der es gewagt hat, in die Fremde zu gehen und den sicheren väterlichen Herd zu verlassen, hat sich in Wirklichkeit auf die Suche nach einer höheren Bewußtseinsebene begeben. So hat sein Vater dies auch verstanden – und deshalb den Heimkehrer so freudig empfangen.

(Anmerkung zu dem Autor, auf dessen Publikationen die vorstehende Kompilation beruht: *Ken Wilber*, geb. 1949 in den USA, Biochemiker, Psychologe und Philosoph. Er praktizierte Zen-Meditation, und seine Bücher, vor allem „Das Spektrum des Bewußtseins" und „Halbzeit der Evolution", sind die wichtigsten theoretischen Arbeiten auf dem Gebiet der Transpersonalen Psychologie.)

Die Theorie der morphogenetischen Felder

Es gibt Dinge zwischen Himmel und Erde, die erstaunlich sind und sich mit naturwissenschaftlichem Denken nicht erklären lassen. Das stört natürlich konservative Wissenschaftler. Und jedesmal, wenn ein „Neuerer" auf den Plan tritt und eine Hypothese verkündet, die eine wahrscheinlich klingende Erklärung für einen bisher „unerklärlichen" Zustand anbietet, reagieren unsere wissenschaftlichen „Koryphäen" mit strikter Ablehnung, die sich in Spott, Verleumdung oder persönlicher Verunglimpfung manifestiert. Das ist immer schon so gewesen...

Anfang der 80er Jahre ist nun ein englischer Biochemiker auf den Plan getreten, mit einer „Theorie der morphogenetischen Felder", die in ihrer Geschlossenheit bestechend ist, einen hohen Wahrscheinlichkeitsgrad der Richtigkeit hat und – *von den Naturwissenschaftlern nicht widerlegt werden kann*! Und dies macht einige konservative Fachgelehrte so wütend, daß sie diesen *Rupert Sheldrake* am liebsten durch Rädern oder Vierteilen zu Tode bringen würden. (Diese mittelalterlichen Foltermethoden würden genau dem „mediävistischen" Denken dieser Herren entsprechen.) Also – worum geht es? Versuch einer einfachen Erklärung:

Angenommen, eine Gruppe von Verhaltensforschern macht in einem Universitätsinstitut in London einen Versuch mit Ratten – dahingehend, daß diese Ratten eine besonders schwierige Aufgabenkombination in einem Labyrinth zu bewältigen hätten. „Zufällig" macht ein Forscherteam in San Francisco ein Rattenexperiment mit der in etwa gleichen Aufgabenstellung, ohne etwas von den Kollegen in London zu wissen. Nehmen wir weiterhin an, beide Teams veröffentlichen die Ergebnisse ihrer Rattenversuche zur gleichen Zeit in zwei verschiedenen Fachzeitschriften. Und nun stellt sich folgendes heraus: Die Ratten des Teams in San Francisco, die zeitlich *nach* den Ratten in London ins Labyrinth geschickt worden waren, haben die Aufgabe in einem Teil der Zeit gelöst, die die Londoner Ratten benötigt haben! Und je öfter dieses Rattenexperiment – weltweit! – wiederholt wird, desto mehr verkürzt sich die Zeit, die von den Ratten benötigt wird – natürlich in Grenzen! Was sich aber bei diesen Experimenten klar herausgeschält hat – diese Versuchsreihe ist nicht erfunden! –, ist folgendes: Die Ratten machen Lernprozesse durch – und für diese Lernprozesse benötigen sie immer weniger Zeit!

Des Rätsels Lösung ist, nach Sheldrake, folgende: Die Aufgabenstellung, einschließlich Lösung, gelangt, vermutlich als Folge des Denkens der beteiligten Forscher, in das Energiefeld der Erde. Dort hält es sich als „morphogenetisches", d.h. als „formerzeugendes" Muster, auf und kann jederzeit wieder abgerufen werden; beispielsweise, wenn von neuem ein derartiges Rattenexperiment irgendwo auf der Welt gestartet wird. Das würde möglicherweise auch erklären, warum eine Erfindung von zwei Menschen, die weit voneinander entfernt sind und keinerlei Verbindung haben, etwa zum gleichen Zeitpunkt gemacht wird. Die Gedanken der beiden Erfinder „schwirren" als morphogenetische Felder durch das All und treffen und ergänzen sich – wobei in jedem Fall die gleiche Erfindung herauskommt.

Ich gebe zu, daß diese Erklärung arg simpel ist. Mir kam es indessen zunächst ausschließlich darauf an, Ihnen, verehrte Leser, eine ungefähre Vorstellung zu vermitteln, worum es bei diesen morphogenetischen Feldern geht. Nämlich darum, daß das „Programm" für eine Formgebung (oder einen Aktionsablauf) gewissermaßen „drahtlos" zum Erfolgsorgan transportiert wird.

Ich komme wieder auf die Schöpfungsgeschichte zurück. Der Mensch besteht aus Körper, Seele und Geist. Und in der Seele hat der Herr das Programm, die „Blaupause" deponiert, gemäß der sich der Körper entwickeln und funktionieren wird. (Denken Sie an mein Beispiel mit den „dicken" Menschen.) *Die Form, bleiben wir einmal bei dieser einen Funktion, ist also vom Herrn vorgegeben.*

Betrachten wir uns jetzt einmal die Entwicklung einer Pflanze. Ein Samenkorn wird gesetzt und bewässert, und nach einer vorgegebenen Zeit entwickelt sich aus diesem Samenkorn eine Pflanze, mit Stengeln und Blüten. *Warum entwickelt sich diese Pflanze so?* Woher bekommt sie die Direktiven? Auf diese Frage haben die Naturwissenschaftler bis heute keine Antwort gefunden. Natürlich haben sie es versucht. Und wie? Auf ihre „altbewährte" mechanistische Denkmanier. *Sie suchten die Anweisung für die Formgestaltung in der DNS. Das war aber Fehlanzeige. Denn die DNS der Menschen ist zum Beispiel in jedem Körper chemisch genau gleich.* Trotzdem entwickelt der eine sich zum „Hamlet", der andere zum „Falstaff". *Wer gibt diese Anweisungen?*

Sheldrake widerlegt (sinngemäß) dieses naturwissenschaftliche DNS-Blabla sehr elegant, indem er feststellt, daß die chemischen Substanzen *alleine die Form noch nicht erklären.* Es ist wie in der Architektur: Wenn wir Häuser oder Gebäude untersuchen, werden wir die Form des Gebäudes nicht dadurch verstehen, daß wir die Ziegel, den Mörtel oder das Holz analysieren, die in dem Gebäude verarbeitet wurden. Die gleichen Ziegel, der gleiche Mörtel, das gleiche Holz können Gebäude von verschiedenen Formen ergeben. *Also wird die Form des Gebäudes nicht durch die chemische Zusammensetzung der Substanzen erklärt, aus denen es besteht.*

Sheldrake entwickelte also die Hypothese, daß wir es hier mit einer neuen Art von Feld zu tun haben, das von der Wissenschaft bisher noch nicht in Betracht gezogen wurde. Er nimmt sogar an, *daß diese Felder eine bestimmte Form haben, daß also zum Beispiel das Feld einer Rose sozusagen rosenförmig ist oder das Feld eines Hundes in einer direkten Beziehung zur Form des Hundes steht.* Und es muß sehr, sehr viele verschiedene Felder für alle verschiedenen Arten von Tieren und Pflanzen geben. Wenn jedes dieser Felder dem sich entwickelnden Organismus seine spezifische Gestalt verleiht, so muß das Feld dieser bestimmten Spezies selbst eine spezifische Form oder Struktur haben.

Und nun entwickelt Sheldrake den kühnen Schlußbaustein seiner Hypothese wie folgt:

„...Worüber meine Theorie Aussagen macht, ist, wie diese Struktur, wenn sie erst einmal entstanden ist, wiederholt wird, wie sie dazu neigen wird, immer wieder vorzukommen. *Wenn eine bestimmte Struktur das zweite Mal entsteht, wird sie vom ersten Exemplar beeinflußt werden, beim dritten Mal vom ersten und zweiten, beim vierten Mal vom ersten, zweiten und dritten usw. Der Einfluß wird also kumulativ sein. Ich behaupte, daß dieser Einfluß nicht mit der Zeit verschwindet, und daß er auch durch Raum oder Entfernung nicht abgeschwächt wird.* Wenn also die Anzahl von Mitgliedern einer Spezies wächst, wird das morphogenetische Feld stärker werden, durch Wiederholung intensiviert. *Je öfter etwas Bestimmtes passiert, desto wahrscheinlicher wird es wieder passieren."*

Wenn Sie, verehrte Leser, jetzt einmal ein bißchen über die denkerischen Folgen der Sheldrakeschen Theorie spekulieren, ergeben sich atemberaubende Ausblicke: beispielsweise der, *daß der Schöpfer unseres Universums zusammen mit dem Urknall auch die formgebenden „Programme" für alle Pflanzen-, Tier- und Menschenarten „hinausgeschleudert" hat.* Was bedeutet, daß die Genesis des Alten Testaments, die ja den Eingang zur gesamten Bibel bildet, doch nicht so ganz „aus der Luft gegriffen" sein kann... (Ich sage das als ehemaliger Katholik, der vor 30 Jahren die Kirche verlassen hat.) Man könnte aus der Theorie des morphogenetischen Feldes etwa auch folgern, daß die vom Menschen (in seinem Größenwahn) praktizierten Genmanipulationen möglicherweise den Charakter seiner „Klone" verändern würden, *nicht aber deren Gestalt*: denn dann müßten diese „Wissenschaftler" auch das morphogenetische Feld verändern – und das können sie (noch?) nicht... Und deshalb hat es auch, um auf mein früheres Beispiel zurückzukommen, keinen Zweck, wenn der morphogenetisch festgelegte „Falstaff" versucht, durch Spezial-Diäten zum „Hamlet" zu werden...

Sie sehen also, verehrte Leserinnen und Leser, wie wertvoll es ist, wenn man sein Wissen anreichert und dabei beispielsweise erkennt, daß alle Lebewesen ihre Form „morphogenetischen Feldern" verdanken und daß, vermutlich, alle Vorkommnisse im Universum als Folge von „Metamustern" ablaufen. Derartige Erkenntnisse gewinnen Leute nicht, die in der Freizeit nur ihre BILD-Zeitung lesen und im übrigen „den lieben Gott einen guten Mann sein lassen", anstatt ein gutes Buch von Ken Wilber, Fritjof Capra oder David Bohm zur Hand zu nehmen. Taschenbücher übrigens, die es in jeder Buchhandlung zu erschwinglichen Preisen gibt.

Fazit: Wer sich wirklich auf den Weg machen will, um „Weisheit" zu erlangen, muß zunächst einmal Erkenntnisse sammeln, um auf deren Basis eigene Schlußfolgerungen entwickeln zu können. Das tun beispielsweise unser Bundespräsident Richard von Weizsäcker und sein Bruder Carl Friedrich: Auch deshalb sind sie weltweit so angesehen, nicht nur wegen ihrer integeren Charaktere.

Über das Wissen zum Sinn

Ich habe als Leitbild zu dieser Runde den „Eremiten" gewählt; jene Tarot-Karte, die symbolisiert, daß sich der Suchende von Zeit zu Zeit wie ein Eremit in die Einöde zurückziehen sollte, um zu überlegen: Wie ist mein Leben bisher verlaufen? In welche Richtung sollte ich mich weiterentwickeln, damit mein Leben den von mir erwünschten *Sinn* erhält? Also: Wir sind jetzt, auf unserer gemeinsamen Karussellfahrt, in eine „Ära der Entscheidung" gelangt: Wohin soll mein persönliches Ringelspiel eigentlich führen? Was ist mein Ziel? Oder, ganz konkret gefragt: *Was ist der Sinn meines Lebens*? Ich schlage deshalb vor, daß wir, als Orientierungshilfe zur Sinnfindung, einmal einen Blick auf große Geister anderer Völker werfen. Was können Sie, als Hilfe zu unserer Sinnfindung, möglicherweise beitragen?

Wenden wir uns zunächst dem ältesten Kulturkreis dieser Erde, dem chinesischen, zu. Der größte Philosoph Chinas, Laotse, schrieb bereits vor 2600 Jahren in seinem berühmten *Tao te king*, das Universum sei eine Verkörperung der „ewigen Mutter", und rät uns, dem sanften Weg der Mutter Natur zu folgen. Wir sollen mit dem Leben harmonieren und uns nicht aggressiv in den natürlichen Ablauf der Dinge einmischen. Er verurteilt die allgemein übliche Art, starre Ordnungen zu installieren, und empfiehlt statt dessen ein dynamisches Gleichgewicht. Wir sollen den Weidenbaum zum Vorbild nehmen, der sich im Sturm biegt, während manch knorrige Eiche umgeworfen wird. Es geht darum zu lernen, meint Laotse, Entwicklungen im Frühstadium sanft zu beeinflussen, anstatt später Gewalt anzuwenden. Das heißt, Laotse bewundert das weibliche Symbol der Weide und lehnt die männliche Mentalität weitgehend ab.

Nun leben wir in einer Zeit des Umbruchs, und als *eine* Folge davon wird östliches Denken immer häufiger von intelligenten Menschen unseres europäischen Kulturkreises aufgenommen und vielfach auch akzeptiert. So wird das Bild von Yin und Yang immer mehr zum Allgemeingut – weshalb ich es auch in der 4. Runde eingeführt habe. Es hat den Anschein, als ob sich die chinesische Vorstellung von der Harmonie zwischen Yin und Yang bereits hier und dort befreiend auf unsere starren westlichen

Denkmodelle bemerkbar machte. Das mütterliche Yin-Element und das väterliche Yang-Element ergänzen einander und *sind gleichwertig*, ebenso wie Männer und Frauen es sind. Es wird also nicht die Überlegenheit eines allmächtigen himmlischen Vaters angestrebt oder gerechtfertigt, sondern eine Harmonie zwischen dem Himmelsvater und der Mutter Erde. *Dementsprechend ist der Zweck des Lebens nicht, in den Himmel zu kommen, sondern einen Himmel auf Erden zu schaffen.* Die körperliche Beziehung zwischen den Geschlechtern wird nicht als sündhaft empfunden, sondern als eine klärende Vereinigung kosmischer Kräfte auf menschlicher Ebene.

Wenn Laotse es als Zweck des Lebens bezeichnet, einen Himmel auf Erden zu schaffen, so trifft er sich mit dem bereits zitierten Sufimeister Richard Burton, der die Selbstentfaltung den alleinigen und ausreichenden Zweck des menschlichen Daseins nannte. Indessen ist diese Anschauung insofern unbefriedigend, weil Sie noch keinen „Sinn" des Lebens erkennen läßt. Wobei wir Europäer, aufgrund unserer griechischen Denktradition, gerne davon ausgehen, daß wir, als Individuen, den Sinn unseres Lebens selbst bestimmen. Wir wollen also nicht nur wissen, „wo es langgeht", sondern auch „warum". Und deshalb ist es hilfreich, wenn wir uns jetzt, in gebotener Kürze, der Frage zuwenden: *Was ist eigentlich der Sinn der Evolution?* Kann uns die Antwort auf diese Frage weiterhelfen, einen Sinn für unser individuelles Dasein zu erkennen?

Sündenfall mal zwei

Alle Mythen und Religionen stimmen darin überein, daß sich Gott aus dem Nichts erschaffen und sich zunächst als Geist manifestiert hat. *Eine weitere Modifikation leistete sich Gott durch ein „dröhnendes Gelächter" (Ken Wilber), das wir als Urknall bezeichnen. Der Urknall stellt den „theologischen Sündenfall" dar*, weil er die Trennung der Materie vom Geist bedeutete. Oder, anders formuliert: Vor etwa 15 Milliarden Jahren trat der materielle Kosmos, der die am meisten entfremdete Form von Geist darstellt, explosionsartig in alleinige Existenz. Dieses Ereignis des Urknalls war der Startpunkt der

Involution (= Rückbildung in Richtung Geist) und der Ursprung der „Erbsünde".

Nach einem guten Dutzend Milliarden Jahren des Ringens und der Ersatzprodukte schuf die Evolution um das zweite vorchristliche Jahrtausend die ersten völlig ichhaften Wesen, die aus eben diesem Grund zu ihrer Verwundbarkeit, Trennung, Entfremdung und Sterblichkeit *erwachten.* Sie haben das alles nicht geschaffen, sondern wurden sich all dessen nur bewußt. Das war der *naturwissenschaftliche* Sündenfall, die „Große Umkehr", die endgültige Herauslösung aus Eden.

Diese Periode war für die Menschheit doppelt schmerzlich. Denn die Menschen wurden sich nicht nur des naturwissenschaftlichen Falls bewußt – kein unschuldiger Schlummer mehr in der unbewußten Natur -, sie waren sich auch des theologischen Sündenfalls bewußt – abgeschnitten von Geist und Gottheit. *„Der Mensch hatte sich endlich als über sich selbst nachdenkendes Wesen aus dem Affen herausentwickelt"*(K.Wilber).

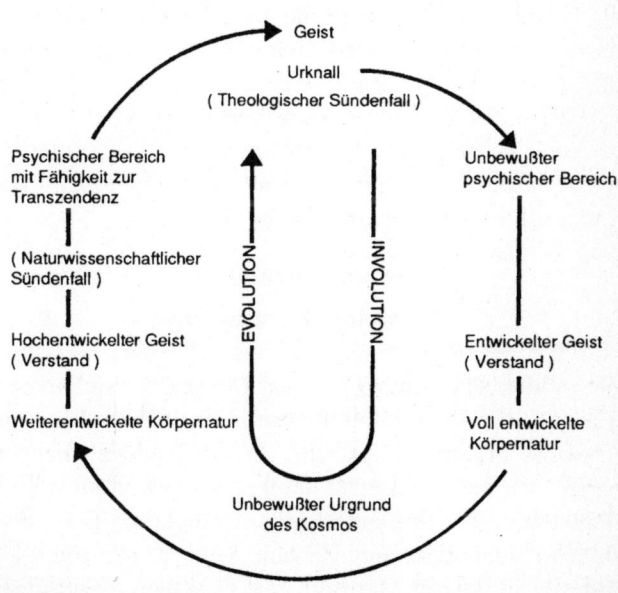

105

Soweit ein Bruchteil der Gedankengänge Ken Wilbers. In „Seminardeutsch" übersetzt, meint dieser genialische Autor: Das Universum entwickelte sich aus dem reinen Geist im Zuge der Involution „nach unten" zur dicksten Materialisation, dem für uns sichtbaren und fühlbaren Kosmos. Und jetzt ist dieser Kosmos, im Zuge der Evolution, wieder auf dem Wege „nach aufwärts", bis er erneut den Zustand des reinen Geistes erreicht hat – in etlichen Milliarden Jahren. (Dann könnte der nächste Urknall erfolgen.) Der Mensch, als Bestandteil dieses Kosmos, ist ebenfalls auf der Evolutionsseite – aber leider noch nicht soweit in Richtung Geist vorangekommen, wie wir uns dies gerne wünschten. *Das Universum weiß, wohin es sich im Zuge der Evolution entwickeln soll. Oder, anders formuliert: Der „Sinn" des universellen Seins ist es, den Zustand des Geistes wieder zu erreichen.* Und der Mensch? Man könnte im Analogieschluß folgern, auch er, der Homo sapiens, muß sich so lange höherentwickeln, bis er den Zustand des reinen Geistes erreicht hat und in ihn „heimkehren" kann – wie ein Tropfen in den Ozean. Aber weiß er das auch? Eben nicht – wie man als betrübter (und betroffener) Beobachter feststellen muß. Die meisten Menschen wissen nichts um diese Zusammenhänge, weil ihnen derartige Theorien weder von der Kanzel noch durch unser sogenanntes Bildungssystem vermittelt werden. Sie haben deshalb auch keinen Grund, sich mit dieser Problematik auseinanderzusetzen und - möglicherweise - gute Vorsätze in Richtung „Selbstverwirklichung" zu entwickeln.

Da weinte Zarathustra

Nun gab (und gibt) es immer ein paar Denker, die sich intensiv und tiefschürfend mit der Evolution beschäftigt haben. Dazu gehören beispielsweise Friedrich Nietzsche, Arthur Schopenhauer und Jean Paul Sartre. Als sich Nietzsche darüber klargeworden war, daß die Menschheit (im 18. Jahrhundert) ja noch nicht am Ende ihrer Entwicklung war und sich deren Zustand kritisch betrachtete – da erfaßte ihn ein derartiges Grausen, daß er seinen „Zarathustra" als „Gegengift" schrieb: „Ich lehre euch den Übermenschen!" Das heißt, er wollte der Menschheit eine Art Gebrauchsanweisung für ihren weiteren Weg mitgeben. Unter dem Motto: „So, wie bisher, dürft ihr nicht weitermachen!" Wie recht er gehabt hat...

Während Nietzsche wenigstens noch versucht hat, so etwas wie ein „Rezept zur Rettung der Menschheit" zu entwerfen, hielten Schopenhauer und Sartre von solch fruchtlosen Bemühungen nichts. Sie wurden zu radikalen Nihilisten – und finden, gerade heute, immer mehr nihilistische „Nach-Denker". Parole: „No future!" Es ist deshalb notwendig, daß wir uns mit dieser „defätistischen" Lebenseinstellung auseinandersetzen.

Ich bin, als Autor dieses Traktates, der Meinung, daß das Zusammenleben der Menschen auf unserem blauen Planeten durch folgende Adverbien gekennzeichnet werden kann: chaotisch, sinnlos, mitleidslos, amoralisch und extrem ungerecht. Diesen Zustand beschrieb (neben anderen erlauchten Geistern) bereits im 13. Jahrhundert der Sufimeister Shabistari in seinem Buch „Der geheime Garten" wie folgt: „Die Welt ist nur eine Allegorie: Von Anfang bis Ende nur eine Farce, ein Theaterstück." Das ist eine dichterisch verbrämte Aussage. Derartige Aussagen liegen mir nicht – weshalb mich einige Kritiker vorschnell in die Kategorie „Nihilisten" einsortieren. Na schön... Doch können wir, verehrte Leser, bei dieser Gelegenheit einmal ein bißchen philosophieren: Was ist das eigentlich für ein Typ, ein „Nihilist"?

Mein ehemaliger Lehrer im Fach Psychologie an der Universität München, Philipp Lersch, eine gütige Vaterfigur voller Wissen, Weisheit und Toleranz, wies in seinen Vorlesungen darauf hin, Nihilismus sei die Überzeugung, daß hinter allem, was der Mensch wollen und vom Leben erwarten kann, die trostlose Leere absoluter *Sinnlosigkeit* stehe, wobei daran zu erinnern sei, daß Sinn überall da vorliegt, wo der Mensch über das Anliegen der bloßen Daseinsfristung hinausgerufen wird vor das Antlitz einer Idee. Charakteristisch für Lersch ist seine Meinung, daß *jede Idee den Charakter eines Rufes habe*, der den Menschen in der Innerlichkeit seines Gemütes trifft und verkündet, *daß etwas sein soll, weil es gut ist, daß es ist.* Und dieser Ruf ist zugleich ein Anruf an den Menschen, mitzuarbeiten an der Verwirklichung der Idee, damit sie sei und gelte. Daraus empfängt sein Leben Sinn. So, beispielsweise, aus der Idee der Wahrheit und der Gerechtigkeit, des Guten und Schönen, des Heiligen und Göttlichen. (So weit, von mir paraphrasiert, die Meinung von Philipp Lersch.)

Betrachtet man indessen den Nihilismus als „die radikale Ablehnung von Sinn" (Nietzsche), so ist damit zum Ausdruck gebracht, *daß es nichts gibt, wofür zu leben es sich lohnt.* Denn es gehört zum Wesen des Menschen, daß er nicht wie das Tier aufgeht in der Fristung seines Daseins und der Erhaltung seiner Art, sondern daß er über seine eigene Endlichkeit und Vergänglichkeit hinaus zu fragen und zu suchen vermag. Das impliziert allerdings auch, daß der Nihilismus in seiner letzten Wurzel Gottverlassenheit bedeutet. „Gott ist tot" – das sind die Worte, in die Nietzsche die Situation des Nihilismus zusammengefaßt hat.

Wie wird nun ein „überzeugter Nihilist" mit dieser Einstellung fertig? Antwort: *Er muß auch als Nihilist einen Modus vivendi finden.* Hier scheiden sich die Wege. Es kann dazu kommen, daß der Nihilist seinen Halt in der Genugtuung findet, die Sinnlosigkeit des Lebens und der Welt ohne Illusionen zu durchschauen; und sich mit einem Lächeln der Ironie und des Sarkasmus über der Bodenlosigkeit des Nichts zu halten. Ein anderer Weg ist die Auflehnung und Empörung gegen alles Bestehende und Geltende, deren Programm Mephistopheles im Faust entwickelt: „Ich bin der Geist, der stets verneint! / Und das mit Recht; denn alles, was entsteht, / ist wert, daß es zugrunde geht; / drum besser wär´s, daß nichts entstünde. / So ist denn alles, was ihr Sünde, / Zerstörung, kurz das Böse nennt, / mein eigentliches Element." *Aber es gibt noch einen dritten Modus vivendi des Nihilismus, nämlich die Möglichkeit, zur Sinnlosigkeit des Daseins ja zu sagen, sie als Schicksal zu akzeptieren und in einem entschlossenen Trotzdem weiter zu leben. Dies ist der Weg Nietzsches, der von sich sagte, er habe den Nihilismus in sich selbst zu Ende gelebt.*

Wir können also, als Sucher auf dem Wege zur Weisheit, feststellen:

– Das Leben eines jeden Individuums hat a priori keinen Sinn.
– Praktisch lebt die Mehrheit der Menschen in einem nihilistischen Zustand; allerdings wissen die Menschen das nicht, da sie so vom „Produzieren und Konsumieren" eingenommen sind,

daß sie einen möglichen ideellen Lebenssinn gar nicht vermissen.

– Wer das Denken gelernt hat, muß sich irgendwann der Frage stellen, wie er mit dem Problem des Nihilismus fertig wird, falls er zu den „Betroffenen" (ohne Lebenssinn) zählt. Andererseits sind natürlich nicht alle denkenden Menschen Nihilisten – ich möchte da nicht falsch verstanden werden!

– Sartre, ein Nihilist par excellence, hat einmal gesagt: „Der Mensch entwirft sich auf ein Ziel hin!" Das ist genau das, was vom einzelnen getan werden müßte, um vom Nihilisten zum „Sinngeber" zu werden. Mit diesem Thema werden wir uns während der letzten Runde unseres Ringelspiels nochmal beschäftigen.

Ich versuche wiederum, die Erfahrungen dieser Ringelspiel-Runde in ein paar Sätze zu komprimieren:

Formel IX zur Lebensweisheit: Um beurteilen zu können, was sich in der Welt und was sich in Ihnen abspielt, müssen Sie sich um neue (wissenschaftliche und mystische) Erkenntnisse bemühen. Sie können die Problematik unserer Umbruchzeit nicht mit Denkmodellen („Paradigmen") aus der „Zeit vor Einstein" analysieren oder gar bewältigen. Um auf der Suche nach dem Sinn *Ihres* Lebens fündig zu werden, sollten Sie zunächst den *Sinn der Evolution* erfassen. Er heißt: Geist-Involution-Evolution-Geist. Auch wenn Sie dieses Modell nicht für Ihr Leben übernehmen wollen und statt dessen lieber dem Nihilismus huldigen: Auch als Nihilist müssen Sie sich um einen Modus vivendi bemühen - es sei denn, Sie wollen sich durch Flucht in den Freitod Ihrer Verantwortung für sich selbst entziehen!

---

10. Runde:
Das „Gesetz der Hammerschläge"

RAD DES SCHICKSALS

Peter Orban, dem ich viele wertvolle Anregungen verdanke, erzählt in seinem Buch „Der Tanz der Schatten", was Michelangelo einmal auf die Frage geantwortet hätte, wie es käme, daß er aus einem rohen Steinklotz eine wunderschöne Figur schaffen könne: die Figur, meinte er, sei doch längst im Block- er müsse nur das Überflüssige wegschlagen. Diese Antwort eines Genies impliziert, daß die *Idee* der zu schaffenden Figur im Felsblock eingeschlossen sei. Und so ist es beim Menschen: *die „Idee", wozu er sich entwickeln soll, trägt er in sich.*

Platon und die Metamuster

Das Stichwort „Idee" bringt meine Gedanken immer zu Platon. An Hand seines „Höhlengleichnisses" hat er demonstriert: Dem Gefängnis gleicht unser gewöhnliches Denken. Bloßen Schatten gleicht unsere Umgebung, so wie sie uns die Sinne zeigen. Dem Hinaufsteigen aus der Höhle und dem Anblick der Dinge oben, in der strahlenden Helle, gleicht der Aufschwung der Seele in die Welt der Ideen. Was sind nun diese Ideen? Ideen sind Formen, Gattungen, Allgemeinheiten des Seins. Sie haben durchaus Realität: Die einzelnen Dinge vergehen, aber die Ideen bestehen als deren unvergängliche Urbilder weiter. *Für Platon jedenfalls sind die Ideen die eigentliche Wirklichkeit.*

Erinnern Sie sich kurz, was wir in der letzten Runde erfahren haben: Das „neue Wissen" vermittelt uns den Eindruck, daß alle Lebewesen ihre Form „morphogenetischen Feldern" verdanken und daß, vermutlich, alle Vorkommnisse im Universum als Folge von „Metamustern" ablaufen. Und jetzt frage ich Sie: Wo ist der Unterschied zwischen einem „Metamuster" und einer Platonischen „Idee"? Für mich ist klar, daß die großen Denker des Altertums, vor allem Plato und Heraklit, die Ergebnisse unserer Naturwissenschaften genial und genuin vorweggenommen haben.

Auch unserem Karussell liegt natürlich eine Idee, ein Metamuster, zugrunde. Wir wollen dieses Muster jetzt gemeinsam aufdröseln, und zwar als Quiz-Frage zu Ihrem bisherigen Dasein. Sie bekommen im folgenden von mir Stichpunkte zu den einzelnen Runden unseres Ringelspiels geliefert. Und Sie überlegen bitte bei jeder Tour: Habe ich den Sinn so einer Runde begriffen? Wie habe ich, in der Retrospektive, meine „Hausaufgabe" erfüllt?

1. Runde: Hier geht es um die Mäßigkeit oder Unmäßigkeit des „Narren": Wie bin ich, Zeit meines Lebens, mit meinem Körper umgegangen? Habe ich ihn als Behältnis für Seele und Geist respektiert und gepflegt?

2. Runde: Welche Rolle spielt der Besitz in meinem Leben? Ist er möglicherweise zu einer Belastung geworden? Oder ist meine Besitzgier sogar ausgeufert wie die des sagenhaften Königs Midas?

3. Runde: Agieren Sie überwiegend wie ein Mannequin und sind nicht, was Sie darstellen – oder haben Sie sich bereits zu einem wesentlichen Menschen entwickelt?

4. Runde: Sie haben den „Schausteller und seine Puppen" kennengelernt. Ist Ihnen dabei die Aufgabe Ihres Bewußtseins im Verhältnis zu Ihrem „Schatten" gedämmert?

5. Runde: Haben Sie erkannt und akzeptiert, daß ein „Macht-Mensch" vorwiegend ein „Yang-Typ" ist? Können Sie der psychologischen Erkenntnis zustimmen, daß so ein Yang-Typ

ein „reduzierter Mensch" ohne Gefühlsleben ist, unfähig zum Lieben? Wie sehen Sie sich selbst in diesem Zusammenhang?

6. Runde: Können Sie dem Statement zustimmen, daß es ein „grandioser Irrtum" ist, die Intelligenz als solche zu überschätzen? Und daß Verstand ohne Gefühl die Ursache für die materiell motivierte Misere der heutigen Menschheit ist?

7. Runde: Wenn auch Sie die „Selbstentfaltung" als Ihre „Lebensaufgabe Nr. 1" erkannt haben, mit der Zielsetzung, Ihren Schatten aufzuhellen – können Sie akzeptieren, daß Ihre Mitmenschen dabei als ganz wichtige „Spiegelhalter" fungieren?

8. Runde: Ist Ihnen in dieser Runde die Bedeutung der Polarität aller Bindungen klargeworden? Und daß jede Entstehung oder Auflösung einer (partnerschaftlichen oder sexuellen) Bindung gravierende Folgen für Ihr Ich hat?

9. Runde: Ist Ihnen durch die beispielhafte Demonstration des „neuen Wissens" klargeworden, welche Bedeutung der geistige Horizont eines Menschen hat: für die Beurteilung von Entwicklungsprozessen und für die Sinnfindung des Lebens? Welcher Sinn, glauben Sie, hat sich bis heute für Ihr Leben herauskristallisiert?

Das Herausschlagen der menschlichen Idee

Es ist wohl jedem verständigen Menschen klar – und hat Nietzsche und Schopenhauer zur Verzweiflung getrieben –, daß der Mensch der Gegenwart noch lange nicht der Idee entspricht, die in seinem tiefsten Inneren als „Blaupause" deponiert ist. Ausnahmen wie Krishna, Zoroaster, Buddha, Pythagoras, Laotse, Platon und Jesus bestätigen die Regel und können uns „normalen Schwächlingen" ein Incentive sein. Das heißt, alles, was wir als „Selbstentfaltung" oder „Selbstverwirklichung" bezeichnen (und angeblich von uns fordern) ist ein Motivationsproblem. Und da „der Geist willig und das Fleisch schwach" ist, hilft eine höhere Macht nach, daß peu à peu „weggeschlagen" wird, was uns noch hindert, der in uns deponierten Idee wenigstens in etwa nahe zu kommen.

Die Tarot-Karte, die ich als Leitmotiv für die 10. Runde ausgewählt habe, ist das „Rad des Schicksals". Immer, wenn bei einer Befragung diese Karte auftaucht, signalisiert sie, daß sich das Rad des Schicksals für den Fragenden ein Stück weiterdrehen wird. Das heißt: es steht eine gewichtige Änderung ins Haus – ob in ihrer Wirkung eher positiv oder negativ, das ergibt sich aus dem Kontext des gesamten Kartenbildes.

Auf unsere gegenwärtige Ringelspiel-Runde bezogen, bedeutet dies: Da der Mensch zu schwach ist, sich freiwillig im Sinne einer Selbstverwirklichung zu ändern, wird er durch Schicksalsschläge in jene Form gepreßt, die er annehmen muß. Was im Klartext bedeutet: Schicksalsschläge, als da sind Krankheiten, Partnerschaftsbrüche, wirtschaftliche Fehlschläge und Karrierenabstürze haben ihren Sinn, ja mehr noch: *sie haben die Aufgabe, uns zu jenem Menschen umzuformen, zu dem wir bestimmt sind zu werden.* Im Rahmen eines uns unbekannten Lebensplanes, den Goethe „das Gesetz, wonach du angetreten" genannt hat.

Es ist interessant, daß man bei den tiefer schürfenden Denkern unserer Gegenwart zur gleichen Thematik immer auf die gleichen oder ähnlichen Aussagen stößt. So weist beispielsweise Thorwald Dethlefsen in seinem Buch „Schicksal als Chance" lapidar auf eine esoterische Grundwahrheit hin: *„Wer nicht lernt, leidet."* Damit ist gemeint, daß der Mensch im allgemeinen nicht lernt, weil er glaubt, er hätte ein Anrecht darauf, daß es ihm gutgehe; und daß er weiterhin ein Recht darauf hätte, reich, gesund und glücklich zu sein. Wörtlich führt Dethlefsen aus:

„Der Mensch wird nicht in diese Welt inkarniert, um in Faulheit den Schein der Sonne zu genießen, sondern um sich zu entwickeln und nach seinen Fähigkeiten der Welt zu dienen."

Wer sich über das *Leid* beklagt, das ihm widerfährt, hat nicht begriffen, daß Leid der Gegenpol des Glücks ist und damit letztlich doch das gleiche. Deshalb fügt Dethlefsen an:

„Das Leid sorgt ‚zum Glück des Menschen' dafür, daß er sich nicht für immer in Irrwegen verläuft. Das Leid sorgt dafür, daß der

Mensch die Suche nicht aufgibt, verhindert den Stillstand. Leid ist immer ein Umweg, und somit dennoch ein Weg."

„Wie sich die Bilder gleichen!" kann man da nur feststellen. Sie müssen es allerdings: denn moderne „Denker-Therapeuten" wie Orban und Dethlefsen „zapfen" ja aus den gleichen alten Quellen - und die lassen sich bis etwa 3000 v. Chr. zurückverfolgen. Oder, von einem anderen Gesichtspunkt aus formuliert: Was Psychotherapeuten mühsam aus dem Unbewußten zutage fördern, ist nichts anderes als jenes Wissen, dessen Schamanen aller Schattierungen immer schon mächtig gewesen sind...

Summa summarum: Jedesmal, wenn irgendein ernsthaftes Problem den Weg eines Menschen kreuzt und dadurch einen Energie- und Gefühlsstau verursacht, ist dies ein Hinweis darauf, daß sich dieser Mensch dem „Gesetz, wonach er angetreten", noch nicht überantwortet hat. Und das Gesetz nicht zu erkennen bedeutet, nach Peter Orban, *sich selbst noch nicht erkannt zu haben.*

Nun hatte jeder von uns schon einmal den Eindruck, daß sich in seinem Leben nichts weiterbewege – weder vor noch zurück. Man strampelt sich ab wie ein schiffbrüchiger Nichtschwimmer, der im offenen Meer treibt und den rettenden Strand nebelhaft in der Ferne sieht. In einer derartigen Situation des „Festsitzens" können (nach P. Orban) beispielsweise folgende Erscheinungen manifest werden:

- man hat mit Übergewicht zu kämpfen;
- man erleidet große finanzielle Verluste;
- man muß längere Zeit im Gipsverband liegen;
- man wird von einer besitzergreifenden Mutter nicht losgelassen;
- man kann sich nicht von einem überstarken Vater lösen;
- man hat sich in einen Traum verrannt und wird dadurch an einem sinnvollen Handeln gehindert. Und so weiter.

Fazit: Jede Problemsituation, von der chronischen Schlaflosigkeit über berufliche Flops bis zum Alkoholismus sind Hinweise darauf, daß wir uns nicht im Rahmen „unseres" Gesetzes bewegen. Verdrängen wir diese Hinweise, tauchen sie in anderer, *verschärfter* Form wieder auf... Peter Orban kommentiert die Härten des Lebens als Antwort auf die Frage, warum das Leben einem einzelnen zuweilen so hart zusetzt: „Damit du allmählich ins Gesetz, *in deine Idee*, hineinwächst. Der Sinn aller Hürden besteht darin, daß du in deine Wahrheit hineingedrückt wirst."

Der Beruf als Prüfung

Es entspricht meiner Lebenserfahrung, daß jeder zweite Mensch im falschen Beruf gelandet ist. Warum? Weil er zu jener Zeit, als er sich für einen bestimmten Beruf entscheiden mußte,

– nicht wußte, wo seine wirkliche Begabung liegt;
– nicht wußte, welche Konsequenzen seine Entscheidung nach sich ziehen würde;
– eine Lehrstelle in jener Branche nicht zu haben war, die er bevorzugt hätte;
– wegen des Numerus clausus ein Studienplatz in jener Disziplin nicht zu haben war, für die er sich interessiert hätte;
– weil ein autoritärer Vater für den „spinnerten" Berufswunsch seines Sohnes/seiner Tochter kein Verständnis hatte und einfach bestimmte: „Du übernimmst einmal meinen Betrieb!"
– Und so weiter...

Verehrte Leserinnen und Leser: Es gehört zu den Standardaussagen meiner psychologischen Seminare, daß man an der falschen Berufswahl erkenne, ob ein Mensch ein „Gewinner" oder ein „Verlierer" sei. Der „Verlierer" jammert nämlich Zeit seines Lebens (beispielsweise): „Ach, hätte ich nur Medizin studieren können - dann wäre ich heute ein erfolgreicher und zufriedener Arzt!" Der „Gewinner" sagt hingegen, wenn er erkannt hat, daß er „auf dem falschen Pferd sitzt": „O.k., ich bin nun mal hier gelandet – und jetzt will ich das Beste daraus machen!" *Man kann aus jedem Beruf „das Beste" machen – das ist ausschließlich ein Problem der Selbstmotivation!*

Ich habe, um nur *ein* Beispiel zu nennen, vor 30 Jahren einen Jungunternehmer kennengelernt, der sich zu diesem Zeitpunkt in die Führung des Unternehmens einarbeitete – unter Anleitung des Vaters, der den Betrieb unter großen Schwierigkeiten gegründet und hochgebracht hatte. Das Tragische an der Situation war, daß dieser Jungunternehmer Arzt werden wollte und das Physikum schon hinter sich hatte. Da verlor der ältere Bruder, der zur Übernahme des Betriebes vorgesehen war, durch einen Motorradunfall sein Leben. Der Senior, ein autoritärer (aber nicht unsympathischer) „Vater-Typ", bestimmte daraufhin den Mediziner zu seinem Nachfolger - und der gehorchte! Es ist nur noch anzumerken, daß dieses mittelständische Unternehmen heute zu den führenden der Branche gehört. Und zwar vor allem wegen seiner Innovationsfreudigkeit und wegen seiner Flexibilität im Marketingbereich.

Aus esoterischer Sicht - die Sie nicht akzeptieren müssen! - ist es so, daß sich ein Mensch ein Berufs- und Lebensziel setzt, *aber meistens ganz woanders landet*. Das läßt sich am beruflichen Werdegang vieler Menschen gut beobachten. Viele wechseln mehrmals die Tätigkeit und kommen dann, „wie die Jungfrau zum Kind" in einen Beruf, für den sie geradezu „maßgeschneidert" sind. So ist es auch mir ergangen. Nach einem abgebrochenen Medizin/Psychologie-Studium und etlichen ganz verschiedenen Tätigkeiten (Werbung, Vertrieb, US-Aufenthalt und ersten Erfolgen als Sachbuchautor), bin ich endlich als freier Unternehmensberater und, vor nunmehr acht Jahren, als Psychotherapeut (Hp) aktiv geworden. Erfolgreich, wie ich mit der mir eigenen Bescheidenheit anmerken darf. Ich habe zweimal „ganz unten" und ohne Geld eine Karriere gestartet: das erste Mal, als Angestellter, ohne durchschlagenden Erfolg. Das zweite Mal, als Selbständiger, mit gutem Erfolg. Warum hatte ich letztlich doch noch Erfolg? Jetzt, in der Retrospektive, kann ich diese Frage ganz klar beantworten:

– Weil ich bereits im Elternhaus gelernt hatte, „gut" zu arbeiten: *wenn man etwas macht, dann macht man es richtig*! Nur für gute Arbeit bin ich gelobt worden. (Geflügeltes Wort meines Vaters: „Nichts halb zu tun ist edler Geister Art!")
– Weil ich, ebenfalls im Elternhaus, mit einer *unstillbaren intellektuellen Neugier* „infiziert" worden bin: seit früher Jugend lese ich in jeder freien Minute. Themenkreise: Philosophie, Religion, Psychologie, Macht- und Führungsprobleme.
– Weil mein Hauptinteresse immer „dem Menschen" gegolten hat,

weshalb ich mich schon früh mit Physiognomik und „praktischer Menschenkenntnis" beschäftigt habe.

- Weil ich vom Vater ein starkes pädagogisches Talent und die Fähigkeit des raschen und sicheren Schreibens geerbt habe.

- Weil ich, last not least, immer ein „holistischer" Denker gewesen bin und verstanden habe, verschiedene Themenkreise „unter einen Hut" zu bringen.

Fazit: In der Retrospektive muß ich feststellen, daß die vielen beruflichen Umwege und scheinbar „berufsfremden" Betätigungen mich genau dahingeführt haben, wo ich heute stehe: zu einem guten Berater und Therapeuten, dessen Klientel sich ausschließlich aus Unternehmern und Top-Managern rekrutiert. Weil ich deren Probleme aus vierzigjähriger Berufstätigkeit kenne. Mit diesem „krummen" aber erfahrungsträchtigen Berufsweg bin ich natürlich „normalen Schulpsychologen" überlegen, die, von der rauhen Realität geschützt, im Glashaus eines Universitätsinstituts sitzen.

Quintessenz für meine Leser: Es entspricht meiner Lebens- und Berufserfahrung, daß man in unserer kapitalistischen Gesellschaft, die ich nicht durchgehend goutiere, *immer* ein „spielenswertes Spiel" finden kann, wenn man sich darum bemüht und bereit ist, härter zu arbeiten als die große Masse. Und insofern ist, aus esoterischer Sicht, der Beruf ein ganz wesentliches „Hammerschlag-Medium" für die psychische Entwicklung eines Menschen!

So kann ich, verehrte Leserinnen und Leser, wiederum eine „Formel" artikulieren:

Formel X zur Lebensweisheit: Sehen Sie ein, daß Sie noch lange nicht jener „Idee Mensch" entsprechen, die Ihnen im tiefsten Innern als Gesetz vorgegeben ist. Damit Sie in Ihre Wahrheit hineingedrückt werden, erleiden Sie Schicksalsschläge aller Art. Akzeptieren Sie diese als notwendig und fragen Sie sich bei jedem einzelnen Schlag, worauf er Sie hinweisen will! Und reflektieren Sie ab und zu über Ihren Beruf als „Hammerschlag-Medium": Was will Ihnen Ihr Beruf durch sein (mögliches) Auf und Ab signalisieren?

---

11. Runde:
Ent-bindung zur Freiheit

DER HÄNGENDE

Als Leitmotiv für die 11. Runde habe ich den „Gehängten" gewählt. Dieser Mensch ist nicht strafweise gehenkt worden, sondern hat sich freiwillig hängen lassen, nach dem Motto: „Kopfunter hängend seh ich alles anders." Das bedeutet, daß dieser Hängende eine genau diametrale Perspektive hat wie seine Zeitgenossen. So ist schon in der Edda zu lesen, daß sich Odin neun Nächte lang an den Füßen hängend in der Lebensesche aufgehalten hat – um so hinter das Geheimnis der Runen zu kommen. Mit anderen Worten: Wer sich, auf welche Weise auch immer, die Möglichkeit verschafft, die Welt aus einer anderen Perspektive zu sehen als seine Zeitgenossen, gewinnt neue Einsichten – und kann sich dadurch von bisherigen Paradigmen befreien. Genau darum geht es in der 11. Runde unseres Ringelspiels.

Macht als Hinderer menschlicher Einsicht

Da wir alle in einem Staat leben, sollte man sich gelegentlich daran erinnern, daß jeder Staat ein kriegerisch geschaffenes Gewaltprodukt ist. Und daß, seit es eine überlieferte Geschichte organisierter menschlicher Gemeinwesen gibt, die vielbemühte „Souveränität" der Landesherren in aller Regel nicht das Ergebnis rechtlicher oder moralischer Aktionen ist, sondern ausschließlich das

Ergebnis von Eroberungen. Deshalb ist in jedem souveränen Staate das Militär bzw. das stehende Heer von hochqualifizierten Berufssoldaten der wahre Repräsentant einer Nation. Das ist der Grund für die Empörung unserer Nato-Verbündeten im „Lehrstück Golf-Krieg": Warum haben die Deutschen ihre Souveränität nicht klar und deutlich gezeigt, indem sie ein Truppenkontingent nach Arabien geschickt haben? Und der mißglückte Versuch, diese Macht-Panne mit Geld auszuwetzen, hat uns erst recht die Verachtung der „freien Welt" eingetragen.

Nun gibt es immer noch Leute, die glauben, dem politischen Wirken eines Staatsoberhauptes bzw. einer Regierung liege eine „höhere Vernunft" zugrunde. Das ist ein Denkfehler, der schon Millionen Tote gekostet hat (und weitere Hekatomben an Toten fordern wird). Die „Vernunft-Formel" ist außerordentlich simpel: „Staatsraison = Machtstaats-Raison". Der Staatsrechtler Ekkehart Krippendorff merkt in seinem Buch „Staat und Krieg" hierzu an:

„Staatsraison, das bedeutet nicht Bildung und Erziehung der verstaatlichten Bevölkerungen, nicht Beförderung ihrer Emanzipation zur vernünftigen Mündigkeit im Staat: sie bedeutet vielmehr das genaue Gegenteil, nämlich Einübung der Untertanenrolle und im Extremfall wiederum Verteidigung der eigenen herrschenden Klasse nach außen. Denn das im Staat verdinglichte ursprüngliche Gewaltpotential der Unterwerfung will und kann nur den Bürger als Staatsdiener wollen."

Und Max Weber, der bedeutendste deutsche Nationalökonom des 20. Jahrhunderts, meinte, das Ganze liefe darauf hinaus:

„...eine Nation ohne allen und jeden politischen Willen zu schaffen, gewohnt, daß der große Staatsmann an ihrer Spitze für sie die Politik schon besorgen werde."

Nun gab es immer große Geister, die diese Einstellung entschieden abgelehnt haben. Beispielsweise *Konfuzius,* vermutlich der einflußreichste aller Philosophen, die je gelebt haben. (Der Kern seiner Lehre ist in seinem berühmten Text „Die große Wissenschaft" ausgesprochen.)

Konfuzius war ein „genuiner" Denker par excellence, dem Ideen, auf die bisher kein anderer gekommen war, nur so zuströmten. Und er hatte eine Art, logische Abfolgen herzustellen, die in ihrer verblüffenden Geradlinigkeit im Gedächtnis hängenblieben und überzeugten. So sagte er beispielsweise über die Tugend eines Herrschers: Wenn ein Herrscher seine „lichte Tugend" im Reiche offenbar machen wollte, ordnete er zuvor seinen Staat. Bevor er indessen den Staat ordnete, regelte er sein Hauswesen. Sein Hauswesen konnte er allerdings nur dann überzeugend regeln, wenn er zuvor seine eigene Person vervollkommnet hatte. Um dies zu bewerkstelligen, mußte dieser Herrscher erst einmal sein Herz rechtschaffen machen. Dies setzte wiederum voraus, daß er seine Gedanken wahrhaft machte. Damit ihm dies gelänge, vervollständigte er zuvor sein Wissen. (Auf das Wissen als eine Grundlage der Weisheit hatte ich bereits in der 9. Runde hingewiesen.)

Eines Tages fragte ein Fürst den Konfuzius, ob man Gesetzesübertreter töten sollte. Die Antwort des Philosophen ist von einer so simplen Überzeugungskraft, daß sie niemals von einem Herrscher zitiert, geschweige denn befolgt worden ist. Was also hat Konfuzius geantwortet? „Wenn Eure Hoheit die Regierung ausübt, was bedarf es dazu des Tötens? Wenn Eure Hoheit das Gute wünscht, so wird das Volk gut. Das Wesen des Herrschers ist wie der Wind. Das Wesen des Geringen ist wie das Gras. Das Gras muß sich beugen, wenn der Wind darüber hinfährt."

Nun haben andere große Geister die Macht des Staates durch Nicht-tun bekämpft, wie etwa Laotse: Er hat den Staat schlicht ignoriert. Und es gab die dritte Gruppe, die den Staat durch aufrührerische Reden bekämpft hat, wie etwa Jesus. Dafür ist er auch von den Römern gekreuzigt worden, die die Kreuzigung ausschließlich über politische Verbrecher verhängt haben.

Fazit Nr. 1 aus den Überlegungen zur Staatsmacht: *Ein weiser Mensch hält sich aus politischen Kämpfen gegen den Staat heraus.* Denn er wird den Staat nicht grundlegend verändern – wenn es auch zuweilen den Anschein hat. Auch dafür ist die ehemalige DDR ein „Lehrstück": Die Deutschen im Osten haben eine sozialistische Staatsdiktatur gegen kapitalistische Bevormundung eingetauscht.

Hierher gehören auch Überlegungen zum Problem der politischen Asylbewerber: Wer sich gegen den Staat, besonders gegen eine Diktatur, auflehnt, muß mit härtesten Konsequenzen rechnen. Und wer als Untergrundkämpfer ins Ausland flieht und dort um Asyl nachsucht, muß mit der „normalen" Reaktion des aufgesuchten Staates rechnen: *„Warum hast du revoltiert? Das dürfen unsere Staatsbürger auch nicht!"* Mit anderen Worten: Im Sinne der Staatsraison ist es nur „vernünftig", wenn solche Asylsuchende zurückgeschickt werden. Das emotionale Geheule junger „Friedenskämpfer", aus falsch verstandenem Mitleid heraus, ist unter diesem Gesichtspunkt unangebracht!

Im übrigen gelten unter souveränen Staaten zwei Abmachungen, die *nie* verletzt werden: Man respektiert die Grenzen und mischt sich nicht in die inneren Angelegenheiten eines anderen Landes. (Nachzulesen in den Memoiren von Henry Kissinger!) Nur die ehemalige DDR, dieser in jeder Beziehung perfide Staat, unterstützte die RAF aktiv!

Religion ist nicht „Opium für das Volk", sondern besonders simple Machtausübung

Der von mir bereits erwähnte Robert S. de Ropp beschreibt in seinem Buch „Das Meisterspiel" unter anderem das „Religionsspiel", als *Beispiel für dogmatisch verschleierte Machtausübung.*

De Ropp stellt zunächst ganz nüchtern fest, daß das Religionsspiel ursprünglich erfunden worden war, um einer Priesterkaste ein sicheres und müheloses Einkommen zu garantieren. Zu diesem Zweck erfanden die Priester diverse Gottheiten, mit denen sie allein Verbindung aufnehmen konnten. Glaubten also Menschen, ein bestimmter Gott sei über ihr Verhalten erzürnt und müßte besänftigt werden, so wandten sie sich an einen Priester, daß er jenen Gott mit Hilfe von Opfergaben und gegen eine angemessene Gebühr wieder beruhige. Hatte ein Gläubiger, zum Beispiel ein Kaufmann, ein riskantes Unternehmen vor, so wandte er sich über einen Priester an den „Handelsgott", um sich dessen Hilfe bei dem geplanten Unternehmen zu sichern. Alsbald entdeckten die Priester, daß mit dem Tode die beständigsten Geschäfte zu machen seien, da ja alle sterben müßten. Zur Gewinnmaximierung erfand die Priesterschaft irgendwann die zwei posthumen Zustände, mit denen sie die noch Lebenden oder die Angehörigen Verstorbener gängeln und erpressen konnten: einen vollkommen glücklichen Himmel und eine schreckliche Hölle. Um der Hölle fernzubleiben und in den Himmel zu kommen, mußte der Spieler des Religionsspiels die Priester bezahlen, oder die Angehörigen mußten nach seinem Tode bezahlen. Dieser „Zahle-den-Priester"-Aspekt ließ verschiedene Zyniker das Religionsspiel als der Welt ältestes Betrugsmanöver definieren; als ein Manöver, das gewissen skrupellosen Individuen ermöglichen soll, aus der Leichtgläubigkeit ihrer Mitmenschen Profit zu schlagen - mit Hilfe nebelhafter Götter in einem ebenso nebelhaften Himmel.

Es war dieser Aspekt des Religionsspiels, der Sigmund Freud mehr in Sorge als in Ärger ausrufen ließ:

„...die ganze Sache ist so infantil, sie hat so wenig mit Realität zu tun, daß es jemand mit einer freundlichen Einstellung zur Menschheit schmerzt, zu denken, daß die große Mehrheit der Sterblichen sich nie über diese Ansicht vom Leben erheben können wird."

Ein besonders übler Aspekt des Religionsspiels entstand - nach de Ropp - aus dem Beharren gewisser Priester darauf, daß ihre Art von Gottheit die einzige sei, und ihre Form des Spiels die einzig zulässige. Diese Priester waren so scharf darauf, das Spiel ausschließlich in ihren eigenen Händen zu halten, daß sie nicht davor zurückschreckten, jeden, der das Spiel nach anderen Regeln spielen wollte, zu verfolgen, zu foltern oder zu töten. Mit dieser Praxis haben die Juden angefangen, deren Enthusiasmus für ihren einen und alleinigen, sehr eifersüchtigen Gottvater dieses Abschlachten rechtfertigte, von dem ein großer Teil des Alten Testaments handelt.

Diese Praxis wurde von den sogenannten Christen eifrig übernommen, die, nicht zufrieden mit dem Abschlachten von Moslems und Juden, in einer Reihe von grauenhaften Religionskriegen aufeinander losgingen, Katholiken gegen Protestanten. Die Moslems, die sich die Regeln ihres Religionsspiels gleichermaßen von Juden und Christen geborgt hatten, verabsäumten nicht, die schlechten Sitten von beiden zu kopieren. Der Koran ermuntert die Gläubigen, gegen die Ungläubigen Krieg zu führen, und das Abschlachten von

Ungläubigen war als ein sicherer Weg zum Einzug in den Moslem-Himmel definiert. Wobei, nebenbei bemerkt, dieser Moslem-Himmel ein viel üppigeres Paradies als die eher langweilige Angelegenheit darstellt, die braven Christen von ihren Priestern angeboten wird.

So weit (sinngemäß) de Ropp zum „Religionsspiel". Dieses psychologische Spiel mit seinen oft entsetzlichen Auswirkungen bekräftigt im übrigen meine beständige Warnung, die Intelligenz an sich nicht zu überschätzen. Es gibt in allen Religionen mit einer priesterlichen Beamtenhierarchie hochintelligente, aber dogmatisierte Mitglieder. Wobei kein Unterschied zu machen ist zwischen einem dogmatisierten Gläubigen und einem ideologisierten Parteimitglied. Psychologisch gesehen ist der Fall klar: Die meisten Religionen sind bestimmt vom Widerstreit zwischen Eltern-Ich und Kindheits-Ich. So war die revolutionäre Wirkung der großen Religionsstifter das direkte Ergebnis ihres Mutes, Eltern-Ich-Einrichtungen zu überprüfen und mit dem Erwachsenen-Ich weiter die Wahrheit zu suchen.

Im Laufe nur einer Generation kann aus einer guten Sache eine schlechte Sache werden, aus einer Erfahrung ein Dogma. *Das Dogma ist der Feind der Wahrheit und der Feind der Menschen. Das Dogma sagt: „Denke nicht! Sei weniger als ein Mensch!"* Die Ideen, die in einem Dogma eingeschlossen sind, mögen gut und weise sein, *doch das Dogma ist schlecht an sich,* weil es ohne Überprüfung als gut akzeptiert wird.

Menschen, die sich in unserer Zeit als „Esoteriker" bezeichnen, gründen auf dem Buddhismus in seiner ursprünglichen Form: Es gibt keinen personifizierten Weltschöpfer, die unsterbliche Seele wandert von Wiedergeburt zu Wiedergeburt, das „Karma", das „Gesetz der wirkenden Tat", begleitet die Seele in jede neue Inkarnation, gewissermaßen als Bilanz aller früheren Leben. Buddha hat es abgelehnt, sich als „Gott" bezeichnen zu lassen: „Es waren schon viele Buddhas vor mir, und es werden noch viele nach mir kommen." Er hielt seine Anhänger an, sich die „Vier heiligen Wahrheiten" zur Richtschnur ihres Handelns zu nehmen, und erklärte ausdrücklich, daß eine Priesterkaste nicht notwendig sei. Insofern gibt es, wenigstens im Buddhismus der Urform, kein „Religionsspiel". Und auch bei den „echten" Esoterikern gibt es das nicht. Wer sich als „Guru" verehren läßt und von der Kollekte seiner Jünger lebt, versündigt sich gegen den Geist Buddhas und gegen dessen Absicht, seinen Anhängern den Weg ins Nirwana zu weisen.

Im übrigen wird jeder überzeugte Esoteriker betonen, daß man den „spirituellen Pfad" nur alleine gehen kann und nicht in Gruppen. Einfach deshalb, weil die Voraussetzungen jeder individuellen Seele im Vergleich zu anderen so verschieden sind: sie hängen davon ab, ob eine Seele bereits eine „alte Seele" ist und mit welchem Karma sie ihre gegenwärtige Erdenlaufbahn begonnen hat. Deshalb muß jeder seinen Weg alleine suchen.

Nach dieser Abschweifung können wir ein weiteres Fazit artikulieren:

Fazit Nr. 2: Ein weiser Mensch hütet sich vor allen religiösen Dogmen, die ihn verknechten und verhindern, daß er in Fragen des Glaubens jemals „über den Dingen" steht. Die Devise für einen Weisheitssucher kann also nur heißen: *Ungebundener Glaube an einen Weltschöpfer ja – dogmatisierter Glaube an einen „Vatergott" nein!*

Um keine Mißverständnisse aufkommen zu lassen, möchte ich betonen:

– Philipp Lersch hat darauf hingewiesen, daß uns jede Idee „anruft": sie nimmt uns, gewissermaßen, „in die Pflicht". Deshalb können wir Menschen uns solch großen Ideen wie Wahrheit, Gerechtigkei, Liebe, Schönheit etc. nicht entziehen. Sie werden (im günstigsten Falle) zu inneren Richtschnüren unseres Handelns und damit zu einer Art „Ethik", die meist schon mit der Idee des „Göttlichen" vergesellschaftet ist.

– Stanislav Grof, der erfahrendste LSD-Forscher weltweit, hat während der Reinkarnations-Therapien bei *allen* Patienten einwandfrei ermittelt, daß in der tiefsten Tiefe unseres Unbewußten, im archaischen Bereich, Erfahrungen von Begegnungen mit verschiedenen Gottheiten archiviert sind. Mit anderen Worten: das Bedürfnis nach Kontakt mit der Transzendenz sitzt offensichtlich tief in *jeder* menschlichen Seele!

Die Konsequenz aus diesen Forschungsergebnissen kann nur heißen: der Mensch ist auf eine Gottheit *angewiesen! Der Glaube ist zum psychischen Überleben notwendig.* Und wenn intellektuelle Atheisten laut schreien, sie bräuchten keinen Gott und man solle sie mit diesem Unsinn in Frieden lassen - dann verweise ich gerne auf Voltaire, der einmal gesagt hat: „Wer mit Gott hadert, betet ihn an!"

Um also diesen Abschnitt zu Ende zu bringen, verehrte Leser: Es gehört zur Weisheit eines psychisch gereiften Menschen, daß er seinen Frieden mit Gott gemacht hat – auf welche Weise auch immer! Und es ist ebenfalls ein Kriterium der Weisheit, wenn ein Mensch die Regeln des „Religionsspieles" durchschaut hat und diese „infantile Sache" (S. Freud) für sich ablehnt.

Unsere tägliche Misinformation

Unter den zahlreichen übrigen Bindungen, die uns knebeln und unsere Menschenwürde mit Füßen treten, seien nur noch die „Massenmedien" angeführt. „Unsere tägliche Misinformation gib uns heute" nannte Wolf Schneider sein böses Buch, in dem er „ans Licht der Sonnen" brachte, was die herrschende Klasse mit Hilfe der Medien so mit uns Normalverbrauchern anstellt.

John Kenneth Galbraith, der „große alte Mann" der amerikanischen Nationalökonomie, sagt (im Rahmen seiner Betrachtungen über die Konditionierung der Jugend) in seinem Buch „Anatomie der Macht" sinngemäß, daß amerikanischen Kindern die Tugenden der freien Marktwirtschaft ähnlich gepredigt werden wie die dirigistische Wirtschaft Kindern in sozialistischen Ländern. Und daß aus den Unternehmerverbänden und den Führungsetagen der Konzerne immer wieder die Forderung ertöne, an Schulen und Universitäten sowie ganz allgemein in der Öffentlichkeit die Segnungen des kapitalistischen Systems mit noch größerem Nachdruck zu propagieren – ganz nach sozialistischem Vorbild. In dem Maße, in dem dieser Unterricht Erfolg hat, werden die Schüler dazu gebracht, die Interessen der Geschäftswelt mit dem öffentlichen Wohl wie auch mit den eigenen Interessen gleichzusetzen.

Der verbissene Ernst, mit dem solche Konditionierung auch heute noch an den Schulen betrieben wird, zeigt sich an den Entrüstungsstürmen, die ausgelöst werden, wenn bekannt wird, daß Jugendliche in Bibliotheken Zugang zu Büchern haben, die sich kritisch mit der bestehenden Wirtschafts- und Gesellschaftsordnung auseinandersetzen.

So weit der Kommentar von John K. Galbraith (im Jahre 1987) über die Konditionierung amerikanischer Schulkinder. Bei uns ist dies ähnlich. Und was in der Schule nicht in dieser Richtung passiert, das besorgen unsere Massenmedien: lammfromm, überangepaßt und mit nur einer Sorge im Hinterkopf – keine Anzeigenkunden zu verschrecken. Um keine Werbeeinnahmen zu verlieren, werden TV-Werbespots immer dümmlicher und für intelligente Menschen unerträglicher; aber was solls: der Kunde, der bezahlt, bestimmt das Niveau der Werbung - falls man das Wort „Niveau" (= „geistige Höhe") überhaupt noch auf derartige „Spottgeburten aus Idiotie und Action" anwenden sollte. Mit anderen Worten: Unsere durch die Interessen des Kapitals korrumpierten Presseorgane und „drahtlosen Dienstleister" sollte man soweit wie möglich ignorieren und sich vor allem, mit Blick auf ausländische Nachrichtenorgane, die Möglichkeit eines kritischen Vergleichs sichern. Wir erkennen, verehrte Leser, schon wieder eine Forderung auf dem Wege zur Weisheit:

Fazit Nr. 3: Man glaube grundsätzlich nicht, was einem in den „Massenmedien" als „Information" dargeboten wird. Man speichere in seinem Gedächtnis Bismarcks Statement: „Eine Nachricht ist erst wahr, wenn sie dementiert worden ist." Und man schütze sich weitgehend vor gezielter Fehlinformation durch den Vergleich unserer Nachrichten mit Informationen des Auslandes. Die Presse- und Informationsfreiheit ist ein durch die Verfassung garantiertes Grundrecht – und davon macht ein kluger Mensch (und Staatsbürger) auch Gebrauch!

Nun gibt es ja nicht nur die großen „Manipulateure", die sich gerne „Motivatoren" nennen lassen. Es gibt dazu die zahlreichen kleinen Manipulateure, die sich an uns heften wie Zecken und, genau wie diese „lieben" Tierchen, nur sehr schwer abzuschütteln sind.

Zu diesen anhänglichen Typen gehören zum Beispiel:

- Verwandte, die uns aufdringlich „lieben", weil sie uns beerben möchten;
- Verwandte, die uns „liebend kujonieren", weil sie sich in der Rolle eines künftigen Erblassers sehen;
- Verwandte, in deren Augen wir verpflichtet sind, ihnen schon zu Lebzeiten irgendwelche Unterstützung zukommen zu lassen – weil es uns (völlig unberechtigt!) besser geht als ihnen;
- geschiedene Ehepartner, die immer wieder in unser „neues Leben" einbrechen, um sich an uns zu rächen oder illegale Subsidien zu ergattern;
- Freunde oder Geliebte, die sich ihre „selbstlose Hingabe" mit irgendwelchen „Aufmerksamkeiten" entgelten lassen – vom Besorgen eines attraktiven Arbeitsplatzes bis zur „standesgemäßen" Einrichtung eines Appartements;
- „Freunde", die uns konstant nötigen, ihnen Präferenzen verschiedenster Art einzuräumen, weil sie etwas aus unserer „närrischen" Jugend wissen, das wir nicht gerne an die Öffentlichkeit gelangen lassen möchten;
- „Weggefährten" verschiedenster Art, denen gegenüber wir Schuldgefühle haben und ihnen deshalb, in irgendeiner Weise, ausgeliefert sind;
- Gläubiger, die uns ständig mit überhöhten Zinsen malträtieren.
- Und so weiter, und so weiter...

Mit anderen Worten: Während Sie Ihre 11. Runde drehen, sollten Sie sich darum bemühen, sich von möglichst vielen Bindungen, großen wie kleinen, *zu befreien. Nur eine nahezu umfassende Freiheit ermöglicht es Ihnen, gelassen über den Dingen zu stehen - ein ganz wesentliches Kriterium des „echten" Weisen!*

„Freiheit, die ich meine"

Die mein Herz erfüllt, / Komm mit deinem Scheine, / Süßes Engelsbild!" dichtete Max von Schenkendorf 1813 angesichts der Völkerschlacht bei Leipzig. In der Tat hat keine Fiktion die Menschheit mehr bewegt und mehr Blutvergießen verursacht. Wobei wohl zu differenzieren ist zwischen der „Freiheit von..." und der „Freiheit zu...". Das bedeutet, im Kontext mit unseren Überlegungen zur Ent-bindung des Individuums auf seinem Wege zur Weisheit: Wenn ich mich von den diversen Bindungen, d.h. Zwängen, Pflichten und moralischen Geboten befreit habe - was fange ich dann mit meiner Freiheit an?

Spätestens bei diesem Stand der Reflektion taucht die uralte Problematik wieder auf: Ist der Mensch determiniert oder nicht? Im Klartext: *Gibt es überhaupt eine Willensfreiheit?* Über die Antwort auf diese Frage streiten Philosophen seit Jahrtausenden, ohne eine befriedigende Antwort zu finden. Lassen wir sie ruhig weiterstreiten, verehrte Leser, und begeben wir uns auf der Suche nach einer Antwort in die Niederungen der „praktischen Psychologie".

Zwei Psychologen der Neuzeit, Abraham Maslow und Eric Berne, haben es möglich gemacht, die Frage nach der Willensfreiheit *so* zu beantworten, daß wir in unserem Alltag damit etwas anfangen können. (Und nur darauf kommt es an!) Also:

Das Verhalten eines Menschen wird durch zwei Gegebenheiten bestimmt: durch seine Bedürfnissituation und durch seine Persönlichkeitsstruktur. Grafisch sieht das so aus:

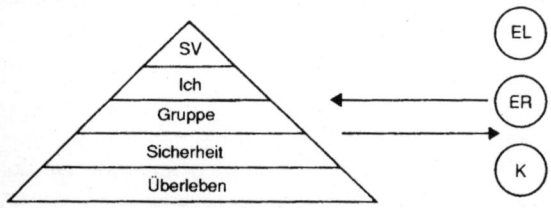

Einerseits wird der Mensch von einem Maslowschen „Bedürfnis-Ensemble" angetrieben, dem diverse Motive angehören, z.B. Hunger, Durst, Schlaf, Sex, Sicherheit, Status- und Machthunger, usw. Andererseits hat dieser Mensch einen Charakter, der ihm beispielsweise verbietet, zu stehlen oder „seines nächsten Weib zu begehren". Es findet also stets ein Machtkampf zwischen den di-

128

versen Bedürfnissen einerseits und dem Charakter mit seinen ver-
innerlichten Ge- und Verboten andererseits statt.

„Was ich will" hängt also letzten Endes vom Ergebnis dieses
Machtkampfes ab. Beispiel:

Eine Rentnerin, die schon „bessere Zeiten gesehen" hatte und
deshalb heute, weil sie nie „geklebt" hat, mit einer Minimalrente
zu den „neuen Armen" zählt, hat Hunger. Beim Gang durch einen
Supermarkt sieht sie an einem „Snack"-Stand belegte Brötchen
liegen, die durchaus in ihrer Reichweite sind. Und die Verkäuferin
ist mit drängenden Kunden sehr beschäftigt. Jetzt beginnt also der
„Kampf der zwei Seelen" in der Brust der Rentnerin: Einerseits hat
sie Hunger, und die Brötchen sind im Sinne des Wortes „greifbar";
andererseits ist sie streng erzogen worden, und das „Du sollst nicht
stehlen" sitzt fest verankert in ihrem Unterbewußtsein. Was wird
sie tun? Das hängt vermutlich davon ab, wie lange sie schon hun-
gert: also davon, wie lange dieses „essentielle" Bedürfnis nicht
mehr befriedigt werden konnte. Das bedeutet aber, verehrte Leser:
Ein großer Teil unserer Entscheidungen ist das Ergebnis eines inneren Machtkampfes zwischen Bedürfnissen und „Programmierung" – und hat mit dem „freien Willen" überhaupt nichts zu tun!

Es ist indessen auch der umgekehrte Weg möglich: Ich kann, mit
Hilfe meines Erwachsenen-Ichs, also meiner Verstandesebene, eine
„willentliche" Entscheidung treffen, was ich beispielsweise beruflich erreichen will, und dieses Ziel mittels Selbsthypnose in mein
Unterbewußtsein versenken. Dadurch wird das Bedürfnis-Ensemble in Schach gehalten: so „ordinäre" Bedürfnisse wie „Hunger" oder „Sex" können mich dann nicht von meinem „vorpro-
grammierten" Wege abbringen; um mich beispielsweise durch ein
Studium zu hungern. Aus dieser Tatsache ergibt sich folgendes

Fazit: In der Regel wird unser Verhalten von unseren Bedürfnissen bestimmt, und unser angeblich von der Intelligenz ge-
steuerter „Wille" hat überhaupt nichts zu vermelden. Unsere
Intelligenz ahnt in der Regel nicht einmal, wie sie ständig hinter-
gangen wird. Komme ich nun, meist durch einen fremden Hinweis,
darauf, daß ich etwas getan habe, was ich normalerweise strikt
ablehne, so kommt mir meine übertölpelte Intelligenz zu Hilfe und

suggeriert mir einen glaubhaft erscheinenden Grund, warum ich mich so entscheiden *mußte:* Das nennt man „rationalisieren".

Irgendein gescheiter Mensch hat einmal gesagt: „Freiheit beginnt mit Zwang." Das stimmt in der Tat: erst wenn ich mich entschieden habe, innerhalb einer bestimmten Gesellschaft, innerhalb einer kirchlichen oder sozialen Einrichtung, innerhalb einer Firma, innerhalb einer politischen Partei etc. mitzuarbeiten, kann ich mich, meinen Anlagen entsprechend, „frei" entscheiden. Mit anderen Worten: die meisten Menschen brauchen einen „Rahmen", der ihnen Sicherheit und Solidarität mit anderen bietet – dann erst können sie sich „frei" fühlen und entfalten.

Das gilt ohne Zweifel für die meisten Menschen. Vor allem für jene aus der sozialen Unterschicht. *Sie können mit zuviel Freiheit und zuviel Wohlstand nichts anfangen.* Das zeigt sich beispielsweise bei den zunehmenden Krawallen Jugendlicher und ihren Straßenschlachten mit der Polizei. *Sie haben kein „spielenswertes Spiel" gefunden* – aber sie haben zuviel Geld in der Tasche und können von Demonstration zu Demonstration quer durch Deutschland reisen. Und sie genießen insofern zuviel Freiheit, als man sie aufgrund der Gesetzeslage auch nicht „aus dem Verkehr ziehen" kann. Sie saufen, randalieren und wenden sich in immer größerer Zahl harten Drogen zu. Schuld ist unsere Gesellschaft – aber das ist ein anderes Thema...

Freiheit = Freizeit

Je mehr ich mich ent-binde, desto mehr Freiheit gewinne ich, *meine Freizeit optimaler zu nützen und zu organisieren.* Alvin Toffler hat dies bereits in seinem Buch „Die Zukunftschance" im Jahre 1980 vorausgesagt:

„Sobald wir erkennen, daß ein Großteil unserer sogenannten Freizeit im Grunde darauf verwandt wird, Güter und Dienstleistungen für den Eigenbedarf zu produzieren - das heißt also zu „prosumieren" -, wird die alte Unterscheidung zwischen Arbeit und Freizeit hinfällig. Es geht dann nicht mehr um die Alternative

Arbeitszeit *oder* Freizeit, sondern um bezahlte Arbeit in Sektor B oder unbezahlte, selbstbestimmte Arbeit in Sektor A." Genau dieses Problem ergibt sich, verehrte Leser, für den sich in Richtung „Weisheit" selbstverwirklichenden Menschen: Durch den erfolgreichen Prozeß der Entbindung gewinnt er an Freiheit, das heißt praktisch an Freizeit und Energie. Was soll er damit anfangen?

Nun gibt es, speziell in Deutschland, „seit ewigen Zeiten" den Streit um den Wert des „Fachmenschen" und des „Kulturmenschen". Ersterer basiert auf den Naturwissenschaften, letzterer auf den Geisteswissenschaften. Die Yang-bestimmten „Fachidioten" haben unsere Welt dahin gebracht, wo sie heute ist, nämlich an den Rand des Abgrundes. Entsprechend sind die Geisteswissenschaften an unseren Universitäten zur Bedeutungslosigkeit verkümmert.

Zum Versuch einer Definition der Kultur möchte ich folgende Erklärung beisteuern:

Unter „Kultur" verstehe ich die Pflege, Verbesserung und Veredelung der seelisch-geistigen Anlagen und Fähigkeiten des Menschen. Oder, anders formuliert: Kultur beinhaltet alles, was den Menschen zum Elite-Menschen erhöht.

Es ist mir klar, daß ich mit dem Ausdruck „Elite-Mensch" wieder zahlreiche Zeitgenossen „auf die Palme" bringen werde. Doch das geniert mich nicht. Aufregen tun sich immer nur jene, die mit Sicherheit *nicht* zur Elite gehören – und diesen Status auch in ihrer gegenwärtigen Inkarnation nicht erreichen werden. Nur solch „negativ Betroffene" heulen jedesmal auf, wenn von „Elite" die Rede ist. Nun, was ist das, ein „Elite-Mensch"?

Ein „Elite-Mensch" hat die Befriedigung der niederen Bedürfnisstufen (nach Maslow) erfolgreich hinter sich gebracht. Nunmehr wird sein Streben nach *Unterscheidung von anderen* verhaltensbestimmend. Der Elite-Mensch hebt sich von der manipulierten Masse ab, indem er sich ein eigenes Urteil bildet und seine Talente aktualisiert. Dafür muß er einen hohen Preis bezahlen: er verliert „Freunde" und wird in aller Regel von seiner Umwelt auch emotional isoliert. Denn man bewundert ja dieses „Streben nach oben" nicht, sondern neidet es dem „Vermessenen": Da erkühnt sich doch einer, das Nest der satten und geistig trägen Wohlstandsbürger zu verlassen! Pfui!

Und was tut der Elite-Mensch auf seinem Wege zur Weisheit? Zu jenem Zustand, der ihn angstfrei den Rest seines Lebens genießen läßt? Er kann - nach meiner persönlichen Meinung! - folgendes tun:

– Er beschäftigt sich in seiner Freizeit mit jenen „Kulturgütern", die ihm Schönheit und Harmonie vermitteln. Und dazu bestimmte Einsichten, die ihn seelisch stärken. Zum Beispiel, daß Mozarts Musik ein „Gottesbeweis" ist und die Musik Beethovens ein Beweis für die kämpferische Einstellung, die ein menschliches Leben zum Sieg werden läßt.

– Er macht seinen Frieden mit den Menschen, die meistens nichts dafür können, daß sie träge, risikoscheu und feige sind. Was den Versuch ausschließt, sie alle „lieben" zu wollen.

– Er versucht, Fertigkeiten, Erkenntnisse und Lebenserfahrungen wenigstens an einen Bruchteil jener Menschen weiterzugeben, die ihn überleben werden.

– Er sucht in seine Ursprünge „hinabzutauchen", auf du und du mit dem Tode, um seine Wiedergeburt vorzubereiten.

Der letzte Punkt wird uns in der 12. Runde beschäftigen.

Unter den Denkern der Neuzeit ragt *Jiddu Krishnamurti* wie ein Finger Gottes aus den Niederungen menschlichen Verhaltens hervor. Krishnamurti, 1895 als achtes Kind einer Brahmanenfamilie in Südindien geboren, starb 1986 und gilt unbestritten als einer der bedeutendsten spirituellen Lehrer, den die Menschheit hervorgebracht hat. Er überzeugte unter anderem durch seine denkerische Unabhängigkeit und war mit unerbittlichem Nachdruck bestrebt, die Menschen zur Selbsterkenntnis zu führen.

Unter den Losungen, die Krishnamurti mit Vehemenz und unglaublicher Überzeugungskraft vertrat, waren – sinngemäß wiedergegeben – zum Beispiel folgende:

– *Entfliehen Sie der Falle konventioneller Ehrbarkeit*! Stellen Sie den Stumpfsinn und die Unreife gesellschaftlicher Konventionen in Frage – aus tiefer Einsicht, weil Sie frei sind und sich nicht fürchten!

– *Solange Sie suchen*, ganz gleich wonach, sind Sie durch das Ziel Ihres Suchens gebunden. Das erste, was Sie lernen müssen, ist *nicht zu suchen*! Solange Sie suchen, machen Sie nur einen Schaufensterbummel.

– *Zur Wahrheit führt kein Pfad*, weil die Wahrheit etwas Lebendiges ist. Nur zu statischen Dingen, zu Tempeln, Moscheen und Kirchen, führen Pfade. Und dieses Lebendige, wohin kein Pfad führt, sind Sie selbst!

– *Wenn Sie sich selbst verstehen wollen*, in Ihren Stärken und Schwächen, dürfen Sie nicht durch den Raster einer Ideologie auf sich schauen, nicht durch einen Schleier von Worten, nicht mit Hoffnungen und Ängsten. Sehen Sie auf sich selbst, auf Ihre inneren Lebensprozesse, *ohne etwas zu korrigieren*. Denn in dem Augenblick, da Sie korrigieren, haben Sie eine andere Autorität, einen Zensor eingesetzt. Deshalb: Vergessen Sie, was Sie über sich wissen. Vergessen Sie alles, was Sie je über sich gedacht haben. Beginnen Sie, als ob Sie nichts wüßten...

Lassen Sie mich, verehrte Leserinnen und Leser, zum Schluß dieser 11. Runde noch ein Zitat von Krishnamurti bringen, das den Anspruch dieser Runde an Sie exakt wiedergibt:

„Sie sehen also ein, daß Sie von niemandem abhängig sein dürfen. Es gibt keinen Führer, keinen Lehrer, keine Autorität. Es gibt nur Sie - Ihre Beziehungen zu anderen und zur Welt -, *nichts sonst ist*

da. Wenn Sie der Tatsache ins Auge sehen, daß Sie und niemand sonst für die Welt und sich selbst verantwortlich sind, für alles, was Sie denken, was Sie fühlen, wie Sie handeln, *dann verschwindet alle Selbstbemitleidung.*"

So viel (bzw. so wenig) aus der Gedankenfülle Krishnamurtis zu unserer Thematik der 11. Runde. Jetzt formuliere ich mal wieder die Essenz dieser Runde:

Formel XI zur Lebensweisheit: Tun Sie alles Menschenmögliche, sich aus Bindungen zu lösen, die Ihre persönliche Freiheit einschränken und Ihren Weg zur Selbstverwirklichung blockieren. Meiden Sie Dogmen und Ideologien wie die Pest und machen Sie Ihren ganz persönlichen Frieden mit Gott! Ohne „re-ligio", d.h. ohne Rück-Bindung an die Transzendenz, können Sie auf die Dauer nicht leben! Ignorieren Sie alle Manipulationsversuche der Massenmedien und lassen Sie sich nicht von „kleinen Leuten" nötigen! Wechseln Sie aus der „Freiheit von..." gezielt in die "Freiheit zu..." und verwenden Sie die daraus zusätzlich gewonnene Freizeit zur Selbstentfaltung: damit Sie Ihrem Ursprung näher kommen. Denn das ist das wirkliche Ziel Ihres Lebens: in Ihren Ursprung zurückzukehren!

---

12. Runde:
Der Mensch im Universum

Wirklich weise Menschen, die über den Dingen stehen, verdanken ihre Abgeklärtheit *immer* einem Gefühl des Eingebundenseins in das gesamte Universum. Das bedeutet, daß sie an etwas glauben, was ihnen die Kraft vermittelt, letztlich doch mehr zu sein als so ein winziges, fehlbares Menschlein. Das illustriert die wundervolle Parabel aus Lessings „Nathan der Weise".

Die Ringparabel und ihre Ethik

Ein Königshaus im Osten besaß einen Ring, der die Eigenschaft hatte, seinen Träger „vor Gott und Menschen angenehm zu machen". Diesen Ring übertrug viele Generationen hindurch der jeweils regierende König bei seinem Tod dem Lieblingssohn, bis er auf einen Herrscher kam, der seinen drei Söhnen mit gleicher Liebe zugetan war. Unfähig, sich für einen von ihnen zu entscheiden, läßt er nach dem Muster des echten Ringes zwei weitere, vollkommen ähnliche anfertigen und übergibt sie allesamt vor dem Tod seinen Söhnen. Deren Streit um den echten Ring schlichtet ein kluger Richter, indem er einzig praktisches Handeln zum Maßstab für die Echtheit des Rings erhebt. Mit anderen Worten: Die Söhne sollten ihrer jeweiligen Aufgabe mit Sorgfalt nachgehen: wer von ihnen den größten Erfolg hätte, dessen Ring sei der echte.

Was wollte Lessing mit dieser Parabel dem Sultan (und damit uns Lesern) klarmachen? Daß es unwesentlich sei, ob ein Mensch Christ, Jude oder Muselman sei: man könne im Rahmen jeder Religion sein Bestes geben - insofern sei es völlig gleichgültig, welcher Religionsgemeinschaft man angehöre. *Und man könne, als Mitglied jeder Glaubensgemeinschaft, als ethisch hochwertiger Mensch leben und agieren.* Das hinwiederum bedeutet, daß es eine allgemein gültige Ethik geben müsse, von höchster Stelle verkündet und autorisiert. Denn welcher intelligente Mensch unterwirft sich einer Ethik, die von *irgendeinem* Mullah, Rabbi oder Priester verkündet worden ist? Schließlich sind die „Vier heiligen Wahrheiten" Buddha in tiefster Versenkung übermittelt worden, die „Zehn Gebote" dem Moses vom Herrn persönlich aus dem brennenden Dornbusch; die „Bergpredigt" wurde von Gottes Sohn verkündet und durch Gleichnisse erläutert; und der „Koran" wurde dem Mohammed von Allah in anfallsähnlichen Zuständen „diktiert". *Fazit:* Ethische Gebote, Wahrheiten, die unmittelbar einleuchten und von niemandem in Frage gestellt werden, stammen stets aus „höchster Quelle" und sind somit ein Gottesbeweis.

Der Mensch als „Geworfener"

Ich habe für diese 12. Runde die Tarot-Karte „Der Turm" als Symbol ausgewählt, weil sie bedeutet, daß einem immer wieder einmal im Leben etwas passiert, das die bis dato mühsam aufgebaute Weltanschauung zum Einsturz bringt. Da kommt ein Blitz daher, in Form eines Menschen oder eines Buches, der eine Ansicht transportiert, die einen einfach „umhaut". Das Tröstliche am Turm-Symbol ist, daß man zwar auf den Startpunkt der gegenwärtigen Lebensphase zurückgeschleudert wird – daß einem indessen die Energie erhalten bleibt, einen neuen Anlauf zu wagen. So ist es vielen Menschen mit der Religion ergangen. Sie sind in einem Glauben aufgewachsen; und kamen „über Nacht" mit einer anderen

Religion bzw. mit einem ihrer überzeugenden Anhänger in Berührung – da „fielen sie um". Das ist kein Unglück, da ja alle Religionen gleichwertig sind. Ausschlaggebend ist - für einen intelligenten Menschen – lediglich, welche Art von religiöser Lehre ihm glaubhafter erscheint und ihm gefühlsmäßig mehr zusagt. Denn in einer Religion muß ich mich „zu Hause fühlen" können, sonst spielt mein Herz nicht mit.

Eine dieser „neuen" Glaubensarten ist in Wirklichkeit sehr alt und wurzelt im Buddhismus. Sie wird heute als „Esoterik" verkauft, das bedeutet eigentlich „nur an Eingeweihte des engeren Kreises". Es geht letztlich wieder einmal um „Elite-Menschen"; nur beruht ihr Ausgewähltsein nicht auf eigener Leistung, sondern auf der Einbildung, der „einzig richtigen Religion" anzugehören; das ist ja alles schon mal dagewesen...

Der „esoterische Glaube" basiert auf zwei Prämissen: auf den *Wiedergeburten („Reinkarnationen")* und auf dem *Karma,* dem „Gesetz der wirkenden Tat" (Lama Govinda in seinem Buch „Grundlagen tibetischer Mystik").

Esoteriker glauben an einen Weltschöpfer, über dessen Herkunft, Art und Sein sie sich keine Gedanken machen. Er ist so etwas wie eine geistgesteuerte Energieform, und damit basta.

Nun werden wir eines Tages in diese Welt geworfen, wie ein Stein. Das impliziert, daß dieser „geworfene Stein" im Augenblick unserer Geburt seinen Schwung, seine Flugrichtung und seinen Neigungswinkel erhält. Damit ist ein für allemal festgeschrieben, wohin so ein Erdenbürger fliegt, in welcher Höhe er fliegt und wann er landen wird. (Siehe Abbildung)

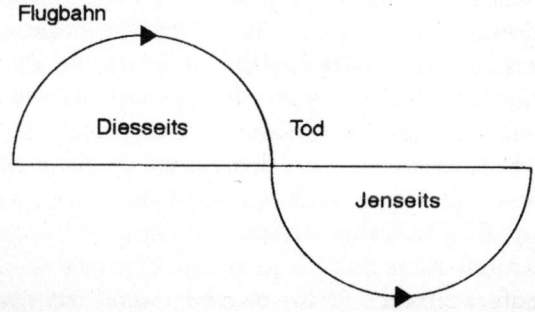

Das bedeutet unter anderem, daß der Zeitpunkt des Todes mit dem Augenblick der Geburt festgelegt worden ist. Das ist Goethes „Gesetz, wonach du angetreten". Peter Orban drückt dies so aus:

„Alles, was dir begegnet, begegnet dir zwangsläufig, ja, es ist alles vorherbestimmt. Es gibt nichts, was du tun könntest, was dich aus deiner Bahn herausbringt oder was einen Zusammenstoß vermeiden könnte. Du bist der geworfene Stein und du fliegst auf dein vorbestimmtes Ziel zu."

Welche Freiheit bleibt mir überhaupt noch? Ich kann zu meiner Flugbahn entweder „ja" oder „nein" sagen, das ist die einzige Wahlmöglichkeit. Denn: Die Bahn schreibt immer nur das „Wohin" vor, *nie das „Wie"*. Das heißt, es gibt für einen Menschen sehr viele Möglichkeiten, an ein (ihm unbekanntes) Ziel zu gelangen. Aber: Die Flugbahn eines Menschen ist eine „Einbahn" im Sinne des Wortes; niemand kann auf der gleichen Bahn „mit-fliegen". Deshalb heißt es: Jeder Mensch muß seinen Schicksalsweg *alleine gehen!* Letztlich sind wir vom Augenblick der Geburt an alleine und bleiben es bis zum Tode. Beim Sterben sind wir am einsamsten...

Diese Art von Determiniertheit bedeutet also, daß jeder Mensch zwei Zielen „nachjagt": einem selbstgesetzten *und einem ihm unbekannten*, das vom Schicksal gesetzt worden ist. Letztlich erreicht ein Mensch immer nur das ihm vorgegebene Ziel – weshalb er oft ein „kurvenreiches" Berufsleben führt und sich nicht erklären kann, weshalb er plötzlich ein tolles Angebot bekommt, etwas anderes in einer anderen Branche oder Region zu tun. Oder durch einen Menschen, zum Beispiel eine Frau, verlockt wird, an einem Ort zu bleiben, den er nur als „Durchgangsreisender" frequentieren wollte...

Um das Programm unseres Lebens nochmal von einer anderen Seite anzugehen: Wir werden als Menschen immer wieder in Probleme verschiedenster Art verstrickt. Es gibt dann jedesmal zwei Möglichkeiten: entweder wir gehen so ein Problem an und versuchen, es aufzuarbeiten; oder wir schleichen uns um das Problem herum. Es gibt wahre Meister im Herumschleichen – aber letztlich sparen sie nichts: denn sie werden in einer folgenden Inkarnation die gleichen Probleme erneut aufgetischt bekommen.

Das bedeutet: Wir alle haben in jedem Leben eine Aufgabe zu erfüllen.

Peter Orban, dessen Modell von der Wurfparabel ich übernommen habe, beschäftigt sich in einem weiteren Buch („Drehbuch des Lebens") mit „esoterischer Astrologie". Für ihn sind die Gegebenheiten eines Horoskops *Fakten* – und deshalb drückt er sich überzeugend (und für manchen Leser vielleicht etwas apodiktisch) aus. Mir kommt es (als Autor dieses Textes) indessen in erster Linie darauf an, *meine Leser mit der Harmonie, Schönheit und Hoffnung des esoterischen Glaubens bekannt zu machen.* Ich bringe deshalb im folgenden Gedanken aus dem schönsten Buche über Esoterik, das mir vor Jahren „zufällig" in die Hände gefallen ist. Es stammt von dem englischen Esoteriker Sir George Trevelyan und trägt den Titel „Eine Vision des Wassermann-Zeitalters". Das Buch ist leider, auch im englischen Original, vergriffen und wird nicht wieder aufgelegt. Der folgende Text (im Geiste Trevelyans) stammt aus einem von mir kompilierten „Basis-Papier" für ein Esoterik-Seminar.

Der Geist, ein ewiger Tropfen des Göttlichen

Die allgemeine Forderung, die wir in Betracht ziehen und mit der wir uns beschäftigen sollten, ist, daß das Universum mit lebendiger Intelligenz durchdrungen ist, daß die Materie vom schöpferischen Geist herrührt, daß die wahre Natur des Menschen ein Tropfen aus der göttlichen Quelle ist und daß sich das menschliche Bewußtsein in erhöhtem Zustand als Teil eines großartigen Ganzen erleben kann.

Setzen wir den Geist (das Spirituelle) als ewiges Wesen voraus, so müssen wir zwangsläufig daraus schließen, daß er existierte, bevor wir als Einzelwesen geboren wurden. Anders ausgedrückt, steigt er als bereits entwickelte Wesenheit hinab in die Verkörperung. *Die Folgerungen aus dieser Prämisse sind unermeßlich.* Zunächst eröffnet sich gegenüber der materialistischen Sicht eine ganz andere Perspektive bei der Frage des „Weiterlebens nach dem Tode". Auf einmal können wir sehen, daß das Leben unauslöschlich ist, daß der göttliche Tropfen sich nicht vernichten läßt. *Ist der Kern des Menschen ewig und unvergänglich, so wird das Weiterleben selbstverständlich*, einfach weil es keinen Tod im Sinne eines Auslöschens des wesentlichen Kerns des menschlichen Wesens geben kann. Wir müssen lernen, das Geborenwerden im wirklichen Sinne als ein Absteigen ins Grab des Körpers zu betrachten, *den Tod als Befreiung zurück ins Licht*, als Bewußtseinserweiterung.

Ein wesentlicher Bestandteil der Vorstellung der Reinkarnation ist *Karma,* das „Gesetz des Ausgleichs" (der Taten). Alles, was wir tun, welchen moralischen Wertes auch immer, findet seinen Ausgleich, entweder in diesem oder in einem späteren Leben. Vielleicht können wir das Prinzip in psychologischen Termini besser verstehen. Eine gewisse Schwäche bzw. Disponiertheit unseres Charakters zum Beispiel zieht uns in Situationen und Beziehungen hinein, die praktisch Versuchungen bedeuten. Wenn wir „fallen", wird der dafür verantwortliche Mangel verstärkt und das gleiche Muster wird sich wiederholen, bis wir uns schließlich dessen bewußt werden und es überwinden können. „Dem, der überwindet, wird die Krone geschenkt." Und wenn in einem Leben der erforderliche Schritt nicht unternommen worden ist, so wird man im nächsten erneut damit konfrontiert.

Das Prinzip ist überaus logisch. Wir laden Prüfungen und Proben auf uns, und diese können unendlich viele verschiedene Formen annehmen. Schwelgen wir in Selbstmitleid, jammern wir und beklagen uns nur über unser Unglück, fragen wir uns nachtragend, „warum dies uns zustoßen mußte", so bedeutet es, daß wir uns noch nicht über die Bedeutung des Gesetzes des Ausgleichs im klaren sind. Sobald wir jedoch dieses Gesetz verstehen, können wir uns die mutige Ansicht zu eigen machen, *daß wir allein die Verantwortung tragen für alles, was wir sind, und alles, was uns zustößt. Dann können wir unsere Nöte und Leiden als eine Art Schulung der Seele erkennen.*

Fazit: Der ewige Kern des Menschen steigt in eine Reihe erdgebundener Leben hinab und baut so eine Persönlichkeit auf, mit deren Hilfe er den Forderungen der Welt entgegentritt. Der Zweck dieser Übung ist es, durch lange Erfahrung und Leiden Herr zu werden über dieses niedere Selbst, es aufzulösen und die Seele in ein Organ zu verwandeln, in dem das höhere Selbst, das wahre spirituelle Wesen des Menschen, tätig sein kann. Das „kleine Ich", die personale Existenz oder Alltagspersönlichkeit, ist viel zu vergänglich, als daß sie Träger der Wiedergeburt sein könnte. Aber beim Tode tragen wir den Samen wahrer Individualität mit uns, der sich zwischen Tod und Wiedergeburt weiterentwickelt und dann, wenn die Zeit dafür reif ist, nochmal hinabsteigen kann.

Und nun muß noch ein ganz wesentlicher Gesichtspunkt erwähnt werden: *Präexistenz* bedeutet, daß eine Seele freiwillig beschließt, sich zu verkörpern. Zugleich helfen uns die spirituellen Führer und unser höheres Selbst in der Zeit vor der Geburt, den richtigen Zugang zum irdischen Leben zu finden. *Dies schließt unter anderem die Wahl unserer Eltern ein.* Obwohl eine solche Idee zunächst lächerlich erscheinen mag, offenbart sie sich bei reiferer Überlegung als eine Möglichkeit, welche die Würde des menschlichen Lebens und die Achtung erhöht, die wir für die anderen Menschen empfinden, mit denen zusammen wir uns am irdischen Kampf beteiligen – *weil sie Teile des Göttlichen sind wie wir.*

Dies, verehrte Leser, sind einige Gedanken aus jenem esoterischen Text, der mich unter der zahlreichen durchgeackerten Literatur dieses Genres am tiefsten beeindruckt und mein Leben verändert hat. Trevelyan hat immer wieder betont, daß man seine Anschauungen nicht unbedingt glauben oder annehmen muß. Aber: *zumindest beschäftigen sollte man sich als „Suchender" damit, der nach Weisheit strebt!*

Siddharthas Weg zur Weisheit

Von den vielen Büchern, die ich in meinem Leben gelesen habe, hat mich keines so fasziniert, ergriffen und beeinflußt wie die indische Dichtung „Siddhartha" von Hermann Hesse. Jeder sich strebend bemühende Abendländer sollte dieses Buch gelesen haben. Immer wieder, versteht sich... Und zwar aus zwei Gründen:

– Er bekommt die Quintessenz des Denkens eines großen Abendländers mit, der, wie außer ihm nur C. G. Jung, in die Weisheit Indiens eingedrungen ist;

– er begreift, daß es nicht notwendig ist, nach Indien zu pilgern und
   dort „Sanyasin" zu spielen, um Erleuchtung zu erfahren. „Gott" ist
   in uns – deshalb brauchen wir ihm nicht hinterher zu reisen.

Die Geschichte von Siddhartha ist nicht nur deshalb so faszinie-
rend, weil sie uns die Stationen eines allmählichen Weiser-wer-
dens miterleben läßt. Sie kann für uns, als mit-leidende Leser, zugleich ein Parameter sein: Wie weit sind wir selbst bis heute gekommen?

Ich werde im folgenden einige Siddhartha-Passagen kommentie-
ren, weil ich aus Hermann Hesses Dichtung Schlußfolgerungen
ziehen will, die sich mit dem „roten Faden" decken, der den Teil II
dieses Buches bestimmt. Doch zunächst ein paar Anhaltspunkte
zur Handlung:

Der Held der Erzählung ist der hochbegabte Brahmanensohn
Siddhartha, dem sein stolzer Priestervater und andere weise Lehrer eine glänzende Zukunft voraussagen. Mit Siddhartha wächst
sein Jugendfreund *Govinda* auf, der ihn über alles liebt und ver-
ehrt. Eine weitere wichtige Rolle in Siddharthas Leben spielt die
kluge Kurtisane *Kamala.* Und schließlich gibt es einen Fährmann
namens *Vaseduva,* der in seiner simplen Denkungsart letztlich
mehr Weisheit erlangt als die meisten jener Mönche, die als Sa-
manen durch die Wälder pilgern, getreulich ein Dogma praktizie-
rend. Im übrigen spielt die Geschichte zur Zeit Gotamo Buddhas,
des Vollendeten.

Als Siddhartha noch ein Jüngling war, seinen Altersgenossen weit
voraus an Wissen und Einsichten, nagten bereits Zweifel hinsicht-
lich seiner Lebensart in ihm: daß sein Vater und seine anderen Lehrer ihm das meiste und beste von ihrer Weisheit schon mitgeteilt
hätten. Sein Geist war nicht begnügt, seine Seele war nicht ruhig,
das Herz nicht gestillt. Deshalb schloß sich Siddhartha, gegen den
Willen seines enttäuschten Vaters, zusammen mit Govinda einer
Gruppe wandernder Asketen, den Samanas, an. Ein Ziel stand vor
Siddhartha, ein einziges: leer werden, leer von Durst, leer von
Wunsch, leer von Traum, leer von Freude und Leid. *Von sich selbst
wegsterben, nicht mehr Ich sein*, entleerten Herzens Ruhe zu finden, im entselbsteten Denken dem Wunder offenzustehen, das war
sein Ziel.

Nach jahrelanger, peinvoller Askese dämmerte es Siddhartha, daß auch der Samana-Weg ein Irrweg sei. Eines Nachts wurde ihm klar, daß sein Durst nach Erkenntnis so ungestillt war wie beim Aufbruch in sein Samana-Dasein. Endlich, in einem weiteren Nachtgespräch mit Govinda, stieg eine ganz wesentliche Erkenntnis aus Siddharthas Unbewußtem hoch: *daß man nichts lernen kann!* Und er formulierte eine für ihn neue Weisheit: Es gibt nur ein Wissen, das jedem Menschen in seiner Tiefe innewohnt. *Und dieses Wissen hat keinen ärgeren Feind als das Wissenwollen, als das Lernen.*

So verließen die beiden die Mönchsgemeinschaft und pilgerten, mit ihren gelben Samana-Umhängen und der Bettelschale, in Richtung auf einen Ort, wo sich, einem Gerücht zufolge, der große Gotamo Buddha aufhalten sollte. Sie trafen nach wochenlanger Wanderschaft auf die Mönchsgemeinschaft des Buddha, die in einem schattigen Hain hauste. Als die beiden Freunde den Buddha zum ersten Male lehren hörten, war Govinda so begeistert, daß er sich spontan in die Mönchsgemeinde Buddhas aufnehmen ließ. Siddhartha indessen weigerte sich, es Govinda gleichzutun. Und als er am nächsten Morgen den Erleuchteten in stiller Andacht durch den Hain wandeln sah, sprach er ihn in aller Ehrerbietung an. Am Ende dieses Gespräches sagte Siddhartha zum Vollendeten:

„Du hast die Erlösung vom Tode gefunden. Sie ist dir geworden aus deinem eigenen Suchen, auf deinem eigenen Wege. Nicht ist sie dir geworden durch Lehre! Und keinem wird Erlösung zuteil durch Lehre! Keinem, oh Ehrwürdiger, wirst du in Worten und durch Lehre mitteilen und sagen können, was dir geschehen ist in der Stunde der Erleuchtung. Deshalb werde ich alle Lehren und alle Lehrer verlassen und mein Ziel allein erreichen oder sterben."

Als Siddhartha den Hain des Buddha verließ, in welchem auch Govinda zurückblieb, fühlte er, daß mit diesem Entschluß auch sein bisheriges Leben in diesem Hain zurückblieb. Und während Siddhartha durch die üppige Waldlandschaft pilgerte, ohne irgendein Ziel, fragte er sich: Was ist es, das ich aus Lehre und von Lehrern hatte lernen wollen? Und was sie, die mich viel gelehrt haben, mich doch nicht lehren konnten? Und blitzartig wurde ihm klar, wonach er immer gesucht hatte: Das Ich war es, dessen Sinn und Wesen ich lernen wollte. Das Ich war es, von dem ich loskommen, das ich überwinden wollte. Ich konnte es aber nicht überwinden, konnte es nur täuschen, konnte nur vor ihm fliehen, mich nur vor ihm verstecken. *Wahrlich, kein Ding in der Welt hat so viel meine Gedanken beschäftigt wie dieses mein Ich. Und über kein Ding in der Welt weiß ich weniger als über mich, über Siddhartha!*

Und Siddhartha beschloß, künftig sein Denken und sein Leben nicht mehr mit Atman und dem Leid der Welt zu beginnen. Er würde sich nicht mehr abtöten und zerstücken, um hinter den Trümmern ein Geheimnis zu finden. Nicht Yoga oder irgendwelche Asketen sollten ihn künftig lehren. Nein – bei sich selbst wollte Siddhartha Schüler sein! Bei sich selbst wollte er lernen! Das „Geheimnis Siddhartha" wollte er ergründen, sonst nichts...

Eines Abends kam Siddhartha auf seiner Wanderschaft an einen großen Fluß und schlief als Gast in der Hütte des Fährmanns Vaseduva. Morgens setzte ihn der Mann um Gotteslohn über den Fluß und meinte beim Abschied: „Du wirst mir dein Gastgeschenk und den Fährlohn ein anderes Mal geben." Auf das erstaunte „Glaubst du?" Siddharthas antwortete der Fährmann: „Auch das habe ich vom Flusse gelernt: alles kommt wieder! Auch du, Samana, wirst wiederkommen!"

Einen Tagesmarsch vom Fluß entfernt gelangte Siddhartha in eine größere Stadt. Am Rande der Stadt, im luxuriösen Hause inmitten eines ausladenden Haines, traf Siddhartha auf die berühmte Kurtisane Kamala. Diese Frau vermittelte ihm Arbeit als Sekretär bei einem Großkaufmann namens Kamaswami und führte ihn in die Künste der Liebe ein.

Siddhartha wurde ein reicher Mann, mit Haus und Dienerschaft, und konnte sehr gut verhandeln, mit Großkaufleuten, Schiffsherren und mit der einfachen Landbevölkerung, deren Ernten er aufkaufte. Allerdings trennte Siddhartha innerlich etwas von anderen Menschen, das war sein Samanatum. Er sah die Menschen auf eine kindliche oder tierhafte Art dahinleben, welche er zugleich liebte und verachtete. Es sah sie sich mühen, sah sie leiden und grau werden um Dinge, die ihm dieses Preises ganz unwert schienen: um Geld, um kleine Lust, um kleine Ehren. Nur mit Kamala konnte Siddhartha über diese Dinge sprechen. Und so resümierte er einst in einem Nachtgespräch:

„Die meisten Menschen sind wie ein fallendes Blatt, das weht und dreht sich durch die Luft, und schwankt, und taumelt zu Boden. Andere aber, wenige, sind wie Sterne, die gehen eine feste Bahn, kein Wind erreicht sie, in sich selber haben sie ihr Gesetz und ihre Bahn."

Eines Morgens, nach einem Liebesspiel mit vielen Variationen, ruhte Siddhartha erschöpft an Kamalas Seite. Die Hetäre beugte sich über ihn und sagte: „Du bist der beste Liebende. Und dennoch bist du ein Samana geblieben, dennoch liebst du mich nicht, du liebst keinen Menschen. Ist es nicht so?"

Indessen – Siddhartha ging, zunächst noch unmerklich, in eine neue Metamorphose. Das reiche, im Grunde nichtsnutzige Leben begann ihn zu langweilen. Er verfiel der Spielleidenschaft und wurde habsüchtig, um seine Spielverluste wieder hereinzuholen. Kamala, deren Gesicht und Haare erste Altersspuren aufwiesen, schenkte eines Tages ohne Vorankündigung ihren gesamten Besitz den Mönchen des Buddha und schloß sich der Gemeinschaft an. Eines Morgens erwachte Siddhartha nach einer wüsten Nacht mit Würfelspiel, Wein und Tänzerinnen, mit dumpfem Kopf und schweren Gliedern. Zum ersten Male in seinem Leben ekelte er sich vor sich selbst. Angewiedert verließ er sein Haus, lief in den Wald, ohne jedes Ziel, und wußte nur eines: Das Spiel war zu Ende.

Ein Schaudern lief ihm über den Leib; in seinem Innern, so fühlte er, war etwas gestorben. Und so gelangte er wieder an jenen Fluß, den er vor Jahren mit der Fähre überquert hatte. Er stand über dem ruhig fließenden Wasser, an einen Baum gelehnt und entschlossen, seinem nunmehr völlig sinnlos gewordenen Leben ein Ende zu bereiten. Da sank er zu Boden und fiel in einen Schlaf der Erschöpfung, der ihn zwölf Stunden gefangen hielt. Als er erwachte, war er ein neuer Mensch – und neben ihm saß Govinda, der Samane. Nach der Begrüßung fragte Siddhartha: „Wohin gehst du, oh Freund?" Die Antwort Govindas war in ihrer Simplizität verblüffend: er ginge nirgendwohin. Die Mönche seien immer unterwegs, verkündigten die Lehre, nähmen Almosen und zögen weiter. So sei es immer... Das war das „Leben" im Rahmen eines Dogmas. Und als Govinda Siddhartha fragte, wohin er ginge, antwortete dieser, zu müde, mit seinem „rückständigen" Freund über das Leben zu diskutieren, daß er auch nur unterwegs sei...

Nachdem sich Govinda, kopfschüttelnd über den seltsamen Pilger Siddhartha, der, noch in der Kluft der Reichen, offensichtlich nicht wußte, wohin, und trotzdem bester Stimmung war, verabschiedet hatte, zog Siddhartha, gemächlich dem Laufe des Flusses folgend, eine Bilanz seines Lebens: „Wunderlich in der Tat war mein Leben", so dachte er, „wunderliche Umwege hat es genommen. Als Knabe habe ich nur mit Göttern und Opfern zu tun gehabt. Als Jüngling habe ich nur mit Askese, mit Denken und Versenkung zu tun gehabt, war auf der Suche nach Brahman, verehrte das Ewige im Atman. Als junger Mann aber zog ich den Büßern nach, lebte im Walde, litt Hitze und Frost, lernte hungern, lehrte meinen Leib absterben. Wunderbar kam mir alsdann in der Lehre des großen Buddha Erkenntnis entgegen, ich fühlte Wissen um die Einheit der Welt in mir kreisen wie mein eigenes Blut. Aber auch von Buddha und dem großen Wissen mußte ich wieder fort. Ich ging und lernte bei Kamala die Liebeslust, lernte bei Kamaswami den Handel, häufte Geld, vertat Geld, lernte meinen Magen lieben, lernte meinen Sinnen schmeicheln.

Viele Jahre mußte ich damit hinbringen, den Geist zu verlieren, das Denken wieder zu verlernen, die Einheit zu vergessen. *Ist es nicht so, als sei ich langsam und auf großen Umwegen aus einem Manne ein Kind geworden, aus einem Denker ein Kindermensch?* Und doch ist dieser Weg gut gewesen, und doch ist der Vogel in meiner Brust nicht gestorben. Aber welch ein Weg war das! *Ich habe durch so viel Dummheit, durch so viel Laster, durch so viel Irrtum, durch so viel Ekel und Enttäuschung und Jammer hindurchgehen müssen, bloß um wieder ein Kind zu werden und neu anfangen zu können."*

Und schließlich wurde Siddhartha auch klar, was ihm nunmehr den Neuanfang erlaubte: Sein Ich, sein kleines, banges und stolzes Ich, mit dem er so viele Jahre gekämpft hatte, war endlich gestorben.

Schließlich traf Siddhartha wieder auf den Fährmann Vaseduva und verdingte sich ihm als Gehilfe. Vaseduva war ein wortkarger Mensch, aber ein erstklassiger Zuhörer. Und das Zuhören lehrte Siddhartha auch der Fluß. Von ihm lernte er das Lauschen mit stillem Herzen, mit wartender, geöffneter Seele, ohne Leidenschaft, ohne Wunsch, ohne Urteil, ohne Meinung...

Zu dieser Zeit legte sich Gotamo, der Vollendete, zum Sterben nieder; und die Kunde davon gelangte auch zu den beiden Fährleuten am Fluß. Siddhartha erinnerte sich wieder des Gespräches, das er einst mit dem großen Gotamo gehabt hatte. Längst wußte er sich nicht mehr von ihm getrennt, dessen Lehre er doch nicht hatte annehmen können...

Vaseduva war nunmehr zu alt, um die Fähre zu bedienen, und kümmerte sich nur noch um die Hütte und das Essen. Siddhartha setzte die Menschen über den Fluß, Alte und Junge, Männer und Frauen, Arme und Reiche, Kaufleute und Krieger, Bauern und Handwerker... Und diese Leute erschienen ihm nicht mehr fremd wie einst: er verstand sie; er verstand und teilte ihr nicht von Gedanken und Einsichten, sondern von Trieben und Wünschen geleitetes Leben, er fühlte sich wie sie. Langsam blühte, langsam reifte in Siddhartha die Erkenntnis, das Wissen darum, *was eigentlich Weisheit sei*, was seines langen Suchens Ziel sei. Es war nichts als eine Bereitschaft der Seele, eine Fähigkeit, eine geheime Kunst, jeden Augenblick, mitten im Leben, den Gedanken der Einheit denken, die Einheit fühlen und einatmen zu können. Langsam blühte dies in ihm auf, strahlte ihm aus Vaseduvas altem Kindergesicht wider: *Harmonie, Wissen um die ewige Vollkommenheit der Welt, Lächeln, Einheit.*

In dieser Stunde der Erkenntnis hörte Siddhartha auf, mit dem Schicksal zu kämpfen, hörte auf zu leiden. Auf seinem Gesicht blühte die Heiterkeit des Wissens, dem kein Wille mehr entgegensteht, das die Vollendung kennt, *das einverstanden ist mit dem Fluß des Geschehens*, mit dem Strom des Lebens, voll Mitleid, voll Mitlust, dem Strömen hingegeben, der Einheit zugehörig.

Wir sind, verehrte Leserinnen und Leser, am Ende des Teils II „Vom Lebenskünstler zum Weisen" angekommen. Es muß - der Fairneß halber - von mir angefügt werden, daß Menschen wie Buddha oder Siddhartha ein Leben lang nichts anderes taten, als nach Weisheit oder nach Erleuchtung zu streben. Dieser Weg ist uns „gewöhnlichen Sterblichen" verbaut. Deshalb kann die Geschichte solch Vollendeter uns nur Hinweise geben, in welcher

Richtung wir an uns zur Erlangung wenigstens eines bescheidenen Weisheitsgrades arbeiten sollten.

Ich verleihe nunmehr dem Inhalt dieser 12. Runde Ausdruck durch die

Formel XII zur Lebensweisheit: Befolgen Sie die Ratschläge Siddharthas zur Gewinnung von Weisheit: Immer das Ich dämpfen, sich stets als Teil des Universums fühlen, weil das Ihre Probleme auf der Erde relativiert; und sich keinem Lehrer anschließen: den Pfad zu Weisheit und Erleuchtung kann jeder nur alleine pilgern! Rufen Sie sich immer wieder in Erinnerung, daß Sie ein „Geworfener" sind, dessen Lebensproblematik und dessen Todesstunde im Augenblick der Geburt festgelegt wurden. Und daß die Art und Weise, wie Sie Ihre Lebensaufgabe bewältigen, sich im Karma niederschlägt, dem „Gesetz des Ausgleichs" (der Taten).

Persönliche Weisheits-Bilanz

Wir haben am Beginn der 9. Runde definiert: „Weise sein" bedeutet, Wissen und Lebenserfahrung geistig so verarbeitet zu haben, daß kluges Handeln daraus resultiert. Gehen wir nun ein wenig mehr in die Einzelheiten mit Hilfe der folgenden Matrix, die 18 Eigenschaften enthält, die einen weisen und gereiften Menschen ausmachen können (= senkrechte, nummerierte Spalten der Matrix, mit der Bezeichnung „Einfluß auf mich").

In der 7. und 8. Runde hatten wir davon gesprochen, daß alle Menschen, mit denen wir im Laufe unseres Lebens *eng* kommunizierten, Einfluß auf unsere seelische Entwicklung genommen haben, z.B. als „Spiegelhalter". Mit anderen Worten: Jede dieser „wichtigen Personen" hat unser (oft unbewußtes) Streben nach Weisheit gefördert (oder nicht). Hat eine Person, z.B. der Vater, eine der oben angeführten Eigenschaften gefördert, so bekommt die Spalte ein „Plus" (+). Liegt keine Förderung vor, eine „Null" (0).

Wichtiger Hinweis: Wenn ich (in der folgenden beispielhaft ausgefüllten Matrix) beim „Vater" ein „Plus" in der Spalte 1 = „Hohe Erwartungen (allgemein)" gesetzt habe, so bedeutet dies, daß mein Vater jene hohen Erwartungen, *die ich in mich selbst gesetzt habe*, ausdrücklich bestätigt und damit bestärkt hat. Die „Plus" oder „Nullen" zeigen also stets an, ob eine angegebene Eigenschaft von einer „wichtigen Person" verstärkt worden ist (oder nicht). *Sie sagt nichts über den Charakter der „wichtigen Person" aus: Es wird hier ausschließlich registriert, welchen Einfluß diese Person auf mich gehabt hat (oder noch hat).* Auch Personen mit „schlechtem" Charakter können einen „guten" bzw. fördernden Einfluß auf mich gehabt haben.

Betrachten Sie sich jetzt (in aller Ruhe!) die folgende, von einem 52jährigen Mann ausgefüllte Matrix.

Einfluß
auf mich:

Wichtige
Personen:

Vater †
Mutter
Onkel Kurt
Dr. v.d. D. (Chef) †
Ehefrau
Tochter
Jna (Freundin)
Hunold (Freund)
Anja (Geschäftspartnerin)
Lisa (Geliebte)

(1) Hohe Erwartungen allgemein	(2) Keine hohen Ansprüche (materiell)	(3) Kein Statusstreben	(4) Kein Machtanspruch	(5) Kein Werten (moralisch)	(6) Vorurteilsfreiheit	(7) Emotionale Ausgeglichenheit	(8) Sexuelle Ausgeglichenheit	(9) Keine Exzesse (Alkohol, Drogen)	(10) Angstfreiheit	(11) Informiertheit	(12) Ideologiefreiheit	(13) Dogmatikfreiheit	(14) Liberale Einstellung	(15) Urteilsfähigkeit	(16) Lebenserfahrung	(17) Menschenkenntnis	(18) Positive Todesbeziehung	(19) Summe:
+	+	0	+	+	+	0	0	0	+	+	+	+	+	+	+	0	+	13
+	+	0	+	+	0	0	0	+	+	+	+	+	+	+	+	0	+	13
+	+	+	+	0	+	+	+	0	+	+	+	+	+	+	+	+	+	16
+	+	+	+	+	0	0	0	0	+	+	+	+	+	+	+	+	0	13
+	+	+	+	0	0	0	+	+	0	+	0	+	0	+	+	0	0	10
+	+	+	+	0	0	0	0	+	0	+	+	+	+	+	+	0	0	11
+	+	+	+	0	0	0	0	+	+	+	0	+	0	+	+	0	0	10
+	+	0	0	0	0	0	0	+	+	+	0	0	0	+	+	0	0	7
+	0	0	+	0	0	0	0	+	+	+	0	0	0	+	0	0	0	6
+	+	0	+	+	+	+	+	+	+	+	+	+	+	+	+	+	0	16
10	9	6	9	5	3	2	3	7	8	10	6	8	6	10	9	3	3	

Was können wir aus dieser Matrix ersehen? Zum Beispiel folgendes:

Durch den Einfluß der verschiedenen „wichtigen Personen" ergibt sich eine *Verstärkung* der verschiedenen Eigenschaften in folgender *Reihenfolge* (Es werden immer nur die „Plus" gezählt):

1. Hohe Erwartungen	10+
2. Informiertheit	10+
3. Urteilsfähigkeit	10+
4. Keine hohen Ansprüche	9+
5. Kein Machtanspruch	9+
6. Lebenserfahrung	9+
7. Angstfreiheit	8+
8. Dogmatikfreiheit	8+
9. Keine Exzesse	7+
10. Kein Statusstreben	6+
11. Ideologiefreiheit	6+
12. Liberale Einstellung	6+
13. Kein Werten	5+
14. Vorurteilsfreiheit	3+
15. Sexuelle Ausgeglichenheit	3+
16. Menschenkenntnis	3+
17. Positive Todesbeziehung	3+
18. Emotionale Ausgeglichenheit	2+

Bei Betrachtung dieser Aufschlüsselung fallen sofort die Stärken und Schwächen dieses „Weisheitsanwärters" ins Auge. An ihm imponieren, durch Dritte beobachtet, in erster Linie die hohen Erwartungen, die er an sich stellt; seine hohe Informiertheit und seine Urteilsfähigkeit. Der Schwachpunkt dieses Menschen ist seine gefühlsmäßige Unausgeglichenheit: Ihm platzt oft der Kragen, er kann sich furchtbar ärgern und kann sehr ausfallend werden. Im übrigen hat er Vorurteile, ist sexuell unausgeglichen und hat (die normale) Angst vor dem Tod. Und so kann man mit der Auswertung noch eine Weile fortfahren...

Als nächstes ist klar zu erkennen (an der „Summe" rechts), wer von den aufgeführten wichtigen Personen unseren Weisheitssucher am meisten in Richtung „Weisheit" gefördert hat: sein Onkel Kurt und seine Geliebte. Dann folgen die Eltern und ein früherer Chef. In seiner seelischen Entwicklung gehemmt haben ihn eine ehemalige Geschäftspartnerin (Anja) und sein „Freund" Hunold.

Sie können (in Ihrer eigenen Matrix) die Überlegungen über wichtige Personen vertiefen, indem Sie Anfang und Ende einer Beziehung nach Jahreszahlen betrachten; und indem Sie Ihr (seinerzeitiges) Alter dazuschreiben: *In welcher Lebensperiode haben welche Personen großen Einfluß auf Ihre Entwicklung genommen?* Und, last but not least: Welche dieser Personen hat möglicherweise bei Ihnen eine „Spiegelfunktion" gehabt und Ihnen geholfen, einen Teil Ihres „Schattens" zu erkennen?

Füllen Sie, nachdem Sie an Hand der Muster-Matrix Klarheit über das Procedere und dessen Bewertung erhalten haben, jetzt *Ihre eigene Matrix* aus (die sich als Leerformular auf Seite 156/157 befindet). Erfahrungsgemäß *brauchen Sie dazu mindestens eine Stunde* – für den ersten Anlauf! Tatsächlich werden sich da viele zusätzliche Fragen ergeben, über die für Sie *wirklich* wichtigen Personen und ihren Einfluß auf Sie! (Übrigens können Sie mehr oder weniger als zehn Personen „unter die Lupe nehmen"). Und reflektieren Sie anschließend das Ergebnis! *Noch besser wäre es, Sie meditieren über dieses Ergebnis, mit der Matrix vor sich!* Sie werden sich wundern, was da zuweilen aus Ihrem Unterbewußtsein an verdrängten Ereignissen hochsteigt! Und versuchen Sie schließlich Klarheit über das „Matrix-Ergebnis" als Ganzes zu gewinnen:

Wie weit sind Sie (bis zum heutigen Tage) auf Ihrem Wege zu einem weisen Menschen gelangt? Sind Sie mit dieser „Zwischenbilanz" zufrieden - denn Ihr Leben geht ja weiter? Wenn nicht: in welcher Richtung könnten Sie an sich arbeiten, z.B. mittels Autosuggestion, um ein bißchen weiser zu werden? *Übertreiben Sie nichts!* Sie haben ja noch eine Reihe von Reinkarnationen vor sich!

Schlußwort

Ich hoffe, verehrte Leserinnen und Leser, Sie betrachten die Lektüre meines „Schnellkurs zum Lebenskünstler" als gewinnbringend! Und ich verabschiede mich von Ihnen mit Johann Wolfgang von Goethe, einem echten Esoteriker:

Und so lang du das nicht hast,
Dieses: Stirb und werde!
Bist du nur ein trüber Gast
Auf der dunklen Erde.

Anhang

Weisheits-Bilanz

Einfluß
auf mich:

Wichtige
Personen:

	(1) Hohe Erwartungen allgemein	(2) Keine hohen Ansprüche (materiell)	(3) Kein Statusstreben	(4) Kein Machtanspruch	(5) Kein Werten (moralisch)	(6) Vorurteilsfreiheit	(7) Emotionale Ausgeglichenheit	(8) Sexuelle Ausgeglichenheit	(9) Keine Exzesse (Alkohol, Drogen)	(10) Angstfreiheit	(11) Informiertheit	(12) Ideologiefreiheit	(13) Dogmatikfreiheit	(14) Liberale Einstellung	(15) Urteilsfähigkeit	(16) Lebenserfahrung	(17) Menschenkenntnis	(18) Positive Todesbeziehung	(19) Summe:

Literatur

Bach, George R. / Deutsch, Ronald M.: Pairing, Diederichs 1970

Berne, Eric: Was sagen Sie, nachdem Sie „Guten Tag" gesagt haben?, Kindler 1975

Spielarten und Spielregeln der Liebe, rororo 1974

Birkenbihl, Michael: Machtbrevier. (Wie man mit der Macht umgeht), Selbstverlag 1987 (vergriffen)

Ethik im Management? Führungskunst aus esoterischer Sicht, Selbstverlag 1988

Karriere und innere Harmonie. Psychologie des erfüllten Lebens, mvg-verlag 1991

Chefbrevier. Geheimnisse erfolgreicher Führungskräfte, mvg-verlag 1991

Birkenbihl, Vera F.: Selbst-Management. Das Birkenbihl-Erfolgsprogramm, Kassettenkurs, mvg-verlag 1991

Erfolgstraining, mvg-verlag 1990

Der persönliche Erfolg, mvg-verlag 1991

Stroh im Kopf? Gebrauchsanweisung fürs Gehirn, mvg-verlag 1991

Freude durch Streß, mvg-verlag 1989

Bornemann, Ernest: Psychoanalyse des Geldes, Suhrkamp 1973

Capra, Fritjof: Das Tao der Physik, Scherz Verlag, Zürich 1984

Wendezeit, Scherz Verlag, Zürich 1983

Das neue Denken, Scherz Verlag, Zürich 1987

Charon, Jean E.: Der Geist der Materie, Paul Zsolnay 1979

Der Sündenfall der Evolution, Paul Zsolnay 1987

Colegrave, Sukie: Yin und Yang, Fischer 1984

Dahlke, Rüdiger: Der Mensch und die Welt sind eins, Hugendubel 1990

Dethlefsen, Thorwald: Schicksal als Chance. Das Urwissen zur Vollkommenheit des Menschen, Goldmann 1985

Dethlefsen, Thorwald/Dahlke, Rüdiger: Krankheit als Weg, Bertelsmann 1983

Dychtwald, Ken: Körperbewußtsein, Synthesis, Essen 1981

Dyer, Wayne W.: Der wunde Punkt, rororo 1990

Führen Sie in Ihrem Leben selbst Regie! mvg-verlag 1991

Ernst, Heiko: Lebenslügen: Die Psychologie der Selbsttäuschung. In: Wir Selbstdarsteller, Red. PSYCHOLOGIE HEUTE, Beltz 1988

Feldenkrais, Moshé: Der aufrechte Gang, Insel 1968

Fromm, Erich: Psychoanalyse und Religion, Goldmann 1981

Galbraith, John K.: Anatomie der Macht, Bertelsmann 1987

Govinda, Lama A.: Grundlagen tibetischer Mystik, Scherz 1982

Harris, Thomas A.: Ich bin o.k., du bist o.k., Rowohlt 1973

Hay, Louise L.: Gesundheit für Körper und Seele, Heyne 1990

Jaspers, Karl: Die großen Philosophen, Serie Piper 1989

Kaplan, Leon: Das Mona Lisa Syndrom. Männer, die wie Frauen fühlen, Econ 1990

Kehoe, John: Mind Power, Windpferd 1989

Koesters, Paul-Heinz: Wenn die Seele krank macht, STERN 1990
    Die Erforscher der Seele, STERN 1985

Koestler, Arthur: Der Mensch – Irrläufer der Evolution, Goldmann 1981
    Die Armut der Psychologie, Fischer 1989

Kopp, Sheldon B.: Kopfunter hängend sehe ich alles anders, Diederichs 1986
    Der Taschendieb und der Heilige, Diederichs 1985

Krippendorff, Ekkehart: Staat und Krieg. Die historische Logik politischer Unvernunft, Suhrkamp 1985

Lersch, Philipp: Aufbau der Person, Johann Ambrosius Barth 1970

Leuenberger, Hans-Dieter: Schule des Tarot I-III, Hermann Bauer 1984
    Sieben Säulen der Esoterik. Grundwissen für Suchende, Hermann Bauer 1989

Lowen, Alexander: Lust. Der Weg zum kreativen Leben, Kösel 1979
    Körperausdruck und Persönlichkeit, Kösel 1981
    Liebe und Orgasmus. Persönlichkeitserfahrung durch sexuelle Erfüllung, Goldmann 1984
    Der Verrat am Körper, Rowohlt 1985

Lutz, Rüdiger (Hrsg.): Pläne für eine menschliche Zukunft. PSYCHOLOGIE HEUTE, Beltz 1988

Müller, Lutz: Schöpferische Seele, mvg-verlag 1988

Magie. Tiefenpsychologischer Zugang zu den Geheimwissenschaften, Kreuz Verlag 1989

Netherton, Dr. Morris / Shiffrin, Dr. Nancy: Bericht vom Leben vor dem Leben. Reinkarnations-Therapie, Scherz (ohne Jahr)

Neuberger, Oswald: Im Reden verzaubern wir uns selbst. In: Wir Selbstdarsteller, PSYCHOLOGIE HEUTE – Taschenbuch 509, Beltz-Verlag, Weinheim und Basel 1988

Orban, Peter: Pluto. Über den Dämon im Innern der eigenen Seele, rororo 1990

Orban, Peter / Zinnel, Ingrid: Der Tanz der Schatten. Eine Reise durch dein Leben, Hugendubel 1990

Drehbuch des Lebens. Eine Einführung in die esoterische Astrologie, rororo 1990

Pollack, Rachel: Tarot, Droemer Knaur 1985

Prigogine, Ilya / Stengers, Isabelle: Dialog mit der Natur, Piper 1981

Ropp, Robert S. de: Das Meisterspiel, Knaur 1978

Selbstvollendung. Schlüssel zu einem sinnvollen Leben, Sphinx 1990

Rosenberg, Alfons: Durchbruch zur Zukunft. Der Mensch im Wassermann-Zeitalter, Turm Verlag 1971

Russel, Peter: Die erwachende Erde. Unser nächster Evolutionssprung, Heyne 1987

Schaeffer, Michael / Bachmann, Anita: Neues Bewußtsein – neues Leben. Bausteine für eine menschliche Welt, Heyne 1988

Schmidbauer, Wolfgang: Weniger ist manchmal mehr. Zur Psychologie des Konsumverzichts, rororo 1984

Die Angst vor Nähe, Rowohlt 1985

Schultz, Hans-Jürgen (Hrsg.): Psychologie für Nicht-Psychologen, Kreuz Verlag 1979

Was der Mensch braucht. Über die Kunst zu leben, dtv 1989

Shah, Idries: Die Sufis, Eugen Diederichs 1976

Störig, Hans-Joachim: Kleine Weltgeschichte der Philosophie, Droemer Knaur 1966

Szasz, Thomas S.: Die Fabrikation des Wahnsinns, Walter 1974

Toffler, Alvin: Die Zukunftschance, Bertelsmann 1980

Machtbeben, Econ 1990

Trevelyan, George: Eine Vision des Wassermann-Zeitalters, GTP Verlag 1980

Waldrich, Hans-Peter: Esoterik für Einsteiger, Kösel 1990

Wichmann, Jörg: Die Renaissance der Esoterik. Eine kritische Orientierung, Kreuz Verlag 1990

Wilber, Ken: Halbzeit der Evolution, Scherz 1987

Das Spektrum des Bewußtseins, Scherz 1987

Willi, Jürg: Koevolution. Die Kunst gemeinsamen Wachsens, Rowohlt 1985

Wilson, Colin: Das Okkulte, März Verlag 1982

Wolff, Katja: Der kabbalistische Baum. Adams Schlüssel zum Paradies, Droemer Knaur 1989